월급으로 부의 배수를 높이는 투자 시스템

$

부의 설계도

BLUEPRINT OF WEALTH

월급으로 부의 배수를 높이는 투자 시스템

부의 설계도

BLUEPRINT OF WEALTH

이은경 지음

『부의 설계도』는 단순히 돈을 불리는 기술서가 아닙니다. 이 책은 한 권의 책이 어떻게 한 사람의 인생을 설계하는 도구가 될 수 있는지를 보여 주는 살아 있는 증거입니다.

저자는 가난을 극복한 개인의 성공담을 넘어, '읽고-생각하고-실행하는' 독서의 본질을 부의 언어로 풀어냅니다. 투자에 대한 두려움을 지식으로 전환하고, 막연한 꿈을 구체적인 설계도로 바꾸는 과정은, 그 자체로 독서가 지닌 변화의 힘을 증명합니다.

이 책을 읽는다는 것은 단순히 정보를 습득하는 것이 아닙니다. 부를 '지속 가능한 삶의 시스템'으로 완성해 가는 저자의 여정을 따라가며, 독자 스스로 자신만의 인생 설계도를 그려 보는 경험입니다. 부자가 되는 법을 가르치기보다, 부를 통해 어떤 삶을 살 것인가를 묻는 이 정직한 질문 앞에서, 우리는 비로소 '왜 책을 읽어야 하는가'에 대한 가장 실질적인 답을 발견하게 됩니다.

꿈을 미루지 않고 오늘을 설계하려는 모든 독서인에게, 이 책은 단순한 추천을 넘어 필독서로 권합니다. 책 한 권이 인생을 바꿀 수 있다는 믿음이 있다면, 이 책이 바로 그 시작점이 될 것입니다.

사단법인 국민독서문화진흥회
책읽는나라운동본부 회장 김을호

이은경 작가의 이 책은, 흔히 말하는 '부자가 되는 방법'을 말하지 않습니다. 대신 부를 만들어내는 사고의 구조와 실행의 시스템을 차분하게 설계합니다. 마스터마인드 수업에서 늘 강조해 온 '의지가 아닌 구조, 결심이 아닌 시스템'의 철학이 실제 삶의 언어로 구현된 결과물이라 할 수 있습니다. 책을 읽다 보니 내용이 너무 좋아 자연스럽게 더 꼼꼼히 들여다보게 되었습니다. 특히, 투자 이전에 사고를 정렬하고, 소액 · 자동화 · 지속이라는 원칙으로 누구나 실행할 수 있도록 풀어낸 점이 인상 깊습니다. 이 책은 단순히 돈을 잘 다루는 법을 넘어, 인생을 설계하는 법을 배우는 교과서입니다. 그래서 읽는 내내 이런 아쉬움이 들었습니다. 이 좋은 책을 사회초년생 시절 누군가 추천해 주었다면 얼마나 좋았을까. 이제라도 이 책을 만나게 될 젊은 친구들은 참으로 복 받은 사람들입니다. 실행하는 사람에게는 반드시 결과를 돌려줄 책이며, 시간이 지날수록 그 가치가 더 분명해질 책입니다. 은경 작가님의 귀한 열정과 협력, 그리고 이 책이 만들어낼 선한 영향력을 진심으로 지지하고 응원합니다.

마스터마인드협회 대표 이명종 교수

| 프롤로그 |

나는 이렇게 부의 설계도를 그리기 시작했다

이 책은 가난을 이기고 이제는 경제적 자유 그 이상의 삶을 설계하게 된 제가, 직접 실행하며 삶 속에서 증명해 온 변화의 과정과 부의 구조를 담은 기록입니다. 단순한 재테크 지침서가 아니라 누구나 자신이 서 있는 현실 위에서 바로 적용할 수 있는 구체적인 부의 설계 매뉴얼입니다.

투자에 대한 인식을 바꾸고, 지출 구조를 재설계해 투자금을 만들고, 소액 자동투자 시스템으로 시간과 에너지를 절약하며, 그 에너지로 결국 자신이 원하는 꿈에 집중하는 방법, 그리고 경제 독서 로드맵을 통해 장기적인 안목을 키워가는 흐름까지 단계별로 모두 담았습니다. 책을 덮을 때쯤이면 막연한 희망 대신 자신이 서 있는 현실에 맞는 '꿈을 위한 부의 첫 설계도'를 손에 쥐게 될 것입니다.

사람들은 흔히 이렇게 말합니다.

"지금은 투자할 돈이 없어요."

"투자는 전문가들만 할 수 있는 거 아닌가요?"

저 역시 한때 똑같이 말하던 사람이었습니다. 월급은 빠듯했고, 대출금과 공과금 같은 고정지출로 대부분이 빠져나갔죠. 그런 상황에서 '투자'라는 단어는 나의 현실에서 멀리 떨어진 남의 이야기처럼 느껴졌습니다. 게다가 투자 실패로 인생이 무너진 사례들도 주변에서 자주 접하며, 투자를 위험하고 부정적인 것으로만 여겼습니다. 사람들이 모이면 자주 주식투자에 대한 이야기들이 오가곤 했지만, 삼성전자 외에는 아는 종목조차 없던 제게, 주식을 어떻게 거래하는지조차 몰랐던 제게, 그 자리는 불편했고 피하고 싶었을 뿐이었습니다.

그 시절의 저는 조직생활이 답답하긴 했어도, 정년까지 안정적으로 다닐 수 있는 직장이 나쁘지 않다고 생각했습니다. 지금은 팍팍해도, 정년 이후의 삶은 더 나은 삶이 될 거라는 확신도 있었습니다.

그러던 어느 날, 저는 스스로에게 이런 질문을 던지게 되었습니다.

"내가 진짜 살고 싶은 삶을 왜 꼭 정년 이후로 유예해야만 하는가?"

그리고 저는 결심했습니다. 꿈을 나중으로 미루지 않기로, 부의 여정을 '지금'부터 바로 시작하기로.

그동안 성실하게 일해서 번 돈, 저축만이 가치 있다고 믿어온 제가, 지난 2년여 동안 수많은 경제경영 서적을 탐독하며 생각이 달라졌습니다. 세상에는 월급 외에도 돈을 벌 수 있는 방법이 너무나 많다는 것을. 큰돈이 아니어도, 전문가가 아니어도, 지금 당장 시작할 수 있는 길이 있다는 사실도요. 그리고 중요한 것은, 투자는 하루라도 빨리 시작해야만 한다는 사실이었습니다. 진짜 위험은 투자 자체가 아니라 아무것도 하지 않는 것이었습니다.

그때부터 저는 부를 만들어가는 여정의 첫걸음을 내딛게 되었습니다. 그리고 시간이 흐르면서 제 꿈은 조금씩 더 선명해졌습니다. 저의 첫 책 『오각형 인간』에서 밝힌 인생의 큰 그림, 바로 '제주도에 8층짜리 복합 문화건물을 짓겠다는 꿈.' 그것은 단순히 건물을 소유하는 의미가 아니라, 저의 모든 철학과 꿈이 녹아 있는 하나의 '삶의 작품'입니다. 1층에는 건강 디저트 전문점, 2층에는 카페가 자리 잡고, 3층은 노년층을 대상으로 하는 미술학원, 4~6층은 북카페, 전시, 강연이 어우러진 서점, 7층은 어린이 경제 교실, 8층은 운동센터. 내가 만든 공간 안에서 다양한 세대와 꿈을 연결하고 가치를 만들어내는 삶. 이 창조적인 복합플랫폼은 저의 꿈과 부가 만나는 설계도의 완성본입니다.

『오각형 인간』의 첫 독자이자 '책과강연' 대표 기획자는 저에 대해 이렇게 표현해 주셨습니다.

"추상에서 구체로, 관념에서 실체로, 벽돌을 차곡차곡 쌓아 올리듯 단단하게 살아온 사람."

이 말은 제게 큰 확신을 안겨 주었습니다. 부를 만드는 과정이 건물을 짓는 것과 다르지 않다는 확신을요. 먼저 설계도를 그리고, 기초를 다지고, 벽돌을 하나씩 쌓아 올려야 건물이 완성되는 것처럼 부를 만드는 과정 역시 동일했습니다.

투자 전문가가 아니어도 괜찮습니다. 큰돈이 없어도 시작할 수 있습니다. 이 책은 월급 250만 원을 받는 사회초년생부터 노후가 막막한 중장년층까지 투자에 대해 어렵고 두렵다고 느끼는 사람들을 위한 가장 현실적이고 곧바로 실행이 가능한 안내서입니다.

부자는 돈이 많아서 인생을 설계하는 것이 아닙니다. 부를 설계했기 때문에 결국 부자가 됩니다. 이 책과 함께 내딛는 오늘의 한 걸음이, 2년 뒤, 5년 뒤, 10년 뒤의 당신의 삶의 질을 완전히 바꾸게 될 것입니다. 당신이 오늘 시작한다면, 2년 뒤 당신은 지금과 전혀 다른 사람이 되어 있을 겁니다. 저의 2년 전 생각과 꿈이 지금과 완전히 달라진 것처럼.

지금, 당신 손에 그 첫 설계도가 쥐어졌습니다. 이제, 부의 여정을 시작할 차례입니다.

중국에 이런 속담이 있습니다.

"나무를 심기에 가장 좋은 때는 20년 전이었다. 두 번째로 좋은 때는 바로 지금이다."

| 차 례 |

PART 1 기초 설계

가난과 부를 가르는 결정적 생각차이

부의 설계도를 펼쳐 든 당신, 지금까지 살아오는 동안 '옳다'고 믿어왔던 많은 생각들이 뒤집히는 경험을 하게 될 겁니다. 당신은 지금까지 부자는 태어날 때부터 돈이 많아서, 혹은 운이 좋아서 부자가 된다고 믿어왔을 겁니다. 하지만 그건 반은 맞고 반은 틀린 이야기입니다. 가난과 부를 가르는 가장 중요한 기준은 재능도, 운도, 환경도 아닙니다. 바로 당신의 '생각'입니다. 당신이 어떤 생각을 하느냐에 따라 가난에 머물 수도, 부의 길로 나아갈 수도 있습니다.

이 책은 단순히 돈을 불리는 기술만을 알려 주는 재테크 지침서가 아닙니다. 당신이 품은 꿈을 현실로 끌어당기는 데 필요한 전반적인 설계도입니다. 이 책을 펼쳐든 지금, 이 순간 당신은 이미 꿈의 설계자이자 부의 설계자로서 첫걸음을 내디딘 것입니다. 그리고 지금은 그 시작인 당신의 사고방식을 바꾸는 가장 중요한 단계입니다.

가난한 사람들은 저축에만 안주하며, 변하지 않는 현실 앞에 때때로 불안과 두려움만 키워갑니다. "투자는 위험하다." "땀 흘린 돈만이 정당하다." 이런 통념 속에 머물며 결국 자신의 꿈조차 희미하게 지워버립니다.

반대로 부자는 다르게 생각합니다. 돈이 스스로 일하게 하는 구조를 이해하고, 위험을 피하지 않고 관리하며, 불확실성 속에서 기회를 찾아냅니다. 그 결과, 단순히 돈을 버는 데 그치지 않고, 자신의 꿈을 지탱해 줄 든든한 구조를 만들어 갑니다.

정책이나 금리, 물가와 같은 외부 요인들은 언제든 당신의 부를 흔들 수 있는 변수입니다. 그러나 그것보다 더 무서운 장애물은 바로 당신의 머릿속에 들어 있는 잘못된 생각입니다. 외부 요인은 당신이 통제할 수 없지만, 생각은 당신이 얼마든지 바꿀 수 있습니다. 바로 그 지점에서 부와 가난, 성공과 실패, 그리고 꿈의 실현과 포기의 갈림길이 생겨납니다.

이번 장에서 당신이 반드시 얻어야 할 메시지는 바로 이것입니다.

당신이 지금 어떤 믿음에 묶여 있는지를 점검하고, 그 믿음을 깨뜨려야만 당신의 꿈과 인생이 완전히 달라진다는 점입니다.

예를 들어, '투자는 위험하고 부정하다, 큰돈이 있거나 전문가만

할 수 있는 일이다.'와 같은 생각들은 모두 가난을 가속화하고 꿈을 멀어지게 만드는 대표적인 족쇄들입니다. 이 족쇄를 끊어내야만 당신의 꿈은 한 발 더 가까이 다가올 수 있습니다.

부의 설계자는 미래를 두려워하지 않습니다. 불확실성 속에서 기회를 보고, 기회 속에서 자본을 키우며, 그 자본으로 자신의 꿈을 지켜냅니다. 생각의 전환, 믿음의 전환, 그리고 선택의 전환이 이루어지는 순간, 가난의 굴레가 풀리고 꿈을 향한 새로운 길이 열립니다.

이제 당신이 해야 할 일은 명확합니다.

앞으로 이어질 다섯 개의 장을 통해 당신의 생각 구조 자체를 새롭게 설계하는 것입니다. 머릿속에 자리 잡은 낡은 통념을 깨고, 습관처럼 믿어온 착각을 의심하며, 부자의 사고방식을 받아들이는 것. 이것이 바로 부를 키우는 설계도의 첫 단계이며, 동시에 당신의 꿈을 지켜 줄 가장 중요한 출발점입니다.

투자는 위험하다고? 당신의 통장이 더 위험하다

2008년, 스물셋의 저는 물리치료사로 일하며 첫 월급을 받았습니다. 월급날이 되면 굳이 은행에서 적금할 돈을 현금으로 찾아 그 현금봉투를 손에 꼭 쥔 채 새마을금고까지 걸어갔습니다. 그 봉투 속에는 새벽 6시에 일어나 저녁 7시까지 환자들을 돌보고 받은 한 달이라는 시간이 고스란히 담겨 있었습니다. 고등학교 때 아르바이트를 하며 받던 최저시급 2천 원대의 금액과는 차원이 다른, 제대로 된 한 달 치 급여였죠.

손쉽게 1초 만에 계좌이체를 할 수도 있는 일이었지만, 저는 그렇게 하지 않았습니다. 손바닥에 전해지는 두둑한 지폐 뭉치의 촉감, 그 봉투를 쥔 채 새마을금고까지 걸어가면서 느꼈던 설렘, 창구 직원에게 봉투를 건네는 순간의 뿌듯함까지 모두 놓치고 싶지 않았거든요.

"적금 통장 하나 만들어 주세요."

당시 새마을금고의 금리는 무려 7%였습니다. 적금통장에 찍히는 숫자를 직접 확인하는 것은 작은 성취였고, 그 모든 과정이 "나는 지금 내 삶을 조금씩 쌓아가고 있다."라는 확신을 안겨 주었습니다.

가난한 집안에서 자라며 장애가 있는 엄마를 돌보던 제게는 이렇게 저축을 하는 것만이 저와 같은 사람에게 허락된 가장 안전하고 정직한 길이라고 믿었습니다. 꿈 또한 소박했어요. 화려한 삶을 꿈꾸지도, 대단한 부자가 되겠다는 생각도 없었습니다. 단칸방이라도 좋으니, 엄마와 함께 걱정 없이 살 수 있는 작은 보금자리가 있는 삶. 그저 더 이상 불안감에 떨지 않고, 엄마와 둘이 안심하고 살 수 있는 집 한 채를 마련하는 것. 그게 전부였습니다.

초반 1~2년 동안은 바짝 노력한 끝에 엄마와 함께 살 수 있는 작은 보금자리를 마련할 수 있었습니다. 그리고 이후로 그동안 하고 싶었던 것들을 하며, 엄마와 함께 어느 정도 생활을 즐길 수도 있었죠. 이때부터는 대출금과 각종 공과금, 보험료 등으로 고정 지출이 많아졌기에, 초반처럼 많은 돈을 저축하진 못했습니다. 그래도 조금씩은 모아가던 돈 또한 언제나 갑작스러운 병원비나 예기치 못한 일들로 다시 원점으로 돌아가곤 했습니다. 마치 구멍 뚫린 양동이에 물을 붓는 기분이었죠. 그때는 저축만이 제일이라 여겼으니, 늘 제자리걸음을 걷는 기분이었습니다. 그리고 그때는 알지 못했습니다. 제가 얼마나 큰 착각 속에 살고 있었는지 말이죠.

그로부터 12년이 흘렀습니다. 그동안 물리치료사에서 공무원으로 커리어를 전환해 조금 더 안정된 미래를 얻었지만, 눈에 띄는 큰 변화는 없었습니다. 그리고 그 무렵, 모임에서 한 동료의 이야기를 들었습니다. 그는 몇 년 전부터 매달 일정 금액으로 꾸준히 비트코인을 사고 있다고 했습니다.

"그런 거 하다가 주변에 남편 잃은 사람도 봤어요…."라며 부정적인 시선과 함께 걱정 어린 말을 건넸습니다. '나중에 크게 다칠 수도 있을 텐데.'라고 생각했으니까요. 그런데 몇 년이 지나 현실에서 답을 보게 되었습니다. 2023년 초 17,000달러에도 미치지 못하던 비트코인은 2023년 말이 되자 4만 달러를 넘어섰고, 2025년 5월에는 11만 달러를 돌파했습니다. 그는 적금처럼 꾸준히 비트코인을 모으는 습관 하나로 이 모든 상승의 혜택을 고스란히 누린 것이었습니다.

비트코인에 대한 부정적인 생각은 달라지지 않았지만, '적금처럼 안전하게 할 수 있는 다른 투자 수단이 있다면?'이라는 생각을 하게 되었고, 계산기를 두드려 보았습니다. 매달 30만 원씩 20년을 꾸준히 모으면 원금 7,200만 원에 2.5% 이자를 더해 약 8,800만 원. 같은 금액을 투자해 연평균 7% 수익률을 얻는다면 결과는 약 1억 5,600만 원. 같은 돈, 같은 시간인데 결과는 거의 두 배 가까이 차이가 났습니다.

이 차이는 단순히 숫자의 문제가 아닙니다. 한쪽은 여전히 전세보증금조차 부족한 현실에 묶이는 것이지만, 다른 한쪽은 집을 마련할 수 있는 기반이 마련되는 것이죠. 이것이 바로 '돈을 지킨다.'라고 믿으며 적금만 고집한 사람과 '돈이 일하는 구조'를 만든 사람의 명백한 차이입니다.

이후 저는 책을 읽으며 조금씩 돈의 세계에 대해 알아가기 시작했습니다. 투자에 대해, 경제에 대해, 돈이 움직이는 원리에 대해. 그리고 깨달았습니다. 투자는 도박이 아니라 돈을 제대로 일하게 만드는 방법이라는 사실을. 그러면서 저는 돈을 바라보는 방식을 서서히 바꾸게 되었습니다. '보관'에서 '운용'으로, '지키는 대상'에서 '일하게 하는 도구'로.

지난 2년 동안 적은 금액부터 시장에 투자하며 배운 것은 명확했습니다. 투자는 돈을 불리는 기술만이 아니라 내 꿈을 키우고 그 꿈을 끝까지 지켜내는 안전망이라는 것. 돈이 스스로 움직이는 구조가 만들어지자, 꿈은 더 이상 먼 미래의 희망이 아니라 지금 제가 매일 조금씩 설계해 가는 현실이 되었습니다.

잠시 당신의 월급날을 떠올려 보십시오. 통장에 들어온 돈이 카드 대금, 대출 이자, 공과금으로 빠져나가고 남는 게 없다면, 그것이야말로 진짜 위험일 겁니다.

"지금의 통장 구조가 과연 당신의 꿈을 지켜 줄 수 있을까요?"

이 질문 앞에서 마음 한편에 불안감이 자리를 잡는다면, 이미 변화가 필요하다는 신호일지 모릅니다. 아무리 성실하게 일하고 절약해도, 시간이 지날수록 꿈이 멀어지고 있다면 그것이야말로 진짜 위험입니다.

당신에게 무모한 모험을 권하는 것이 아닙니다. 다만, '저축이 가장 안전하다.'라는 착각에서 벗어나 꿈을 지킬 수 있는 진짜 안전을 찾으라고 제안하는 것입니다. 돈을 통장 속에 잠들게 두는 것이 아니라 이제는 24시간 깨어 움직이며 당신의 꿈을 끝까지 지켜줄 구조를 설계해야 합니다.

변화는 언제나 두렵습니다. 하지만 더 두려운 것은 변화하지 않는 것입니다. 오늘의 방식을 고집한다면, 내일도 같은 자리에 머물 수밖에 없습니다. 언젠가 당신도 깨닫게 될 것입니다. 가장 안전하다고 믿었던 저축이 사실은 가장 큰 위험이었음을. 그리고 돈이 일하기 시작하는 순간부터, 꿈은 더 이상 막연한 희망이 아니라 구체적인 현실로 다가오기 시작한다는 것을요.

투자는 부정하다는 착각이 만드는 가난의 굴레

"돈은 땀 흘려 벌어야 한다. 투자는 도박이다. 성실하게 일한 돈만이 가치 있다."

저는 늘 이런 신념을 가지고 살아왔습니다. 그런데 돌이켜보면, 이 신념은 어느 날 갑자기 생긴 것이 아니었습니다. 어릴 적 기억 속에는 늘 한 인물이 있었습니다. 큰아버지의 아들, 그러니까 제 사촌오빠였습니다. 그는 직업도 없이 온갖 부정은 혼자 다 저지르고 다니는, 이른바 '트러블 메이커'였습니다. 문제를 일으켜 돈이 필요해질 때마다 늘 부모님께 손을 벌렸고, 심지어 제 아버지께도 3천만 원을 속여 문제가 되기도 했습니다. 그 사건은 우리 가족에게 깊은 상처를 남겼는데, 사촌오빠를 보면서 느꼈던 건 '투자하는 사람은 결국 다 저렇게 된다.'라는 뿌리 깊은 인식이었습니다. 사실 사촌오빠와 자주 만나지도 않았고, 그조차도 아버지가 돌아가신 이후는 더욱 왕래가 없었지만, 어린 시절부터 들어오곤 했던 단편적인 이야기들은 제 가치관을 더욱 단단히 굳혀 버렸습니다. 그 결과 저는 노동으로 번 돈만이 진짜 정직한 돈이라고 믿게 되었고, 이상하게도 거기서 묘한 자부심까지 느끼고 있었습니다. 솔직히 고백하자면, 제가 투자를 거부했던 가장 큰 이유는 두려움 때문이 아니라 바로 이런 도덕적 우월감 때문이었습니다.

"나는 노동의 대가로만 돈을 벌겠다."라는 말속에는 "투자로 돈을 버는 건 어딘가 부도덕하다."라는 판단이 숨어 있었던 겁니다. 남들이 주식이나 코인으로 큰돈을 벌었다는 이야기를 들을 때면 잠깐은 부럽기도 했지만, 곧 스스로를 위로했습니다.

"나는 순전히 내 힘으로 더 잘 살아낼 수 있어. 저 사람들은 결국 쉬운 길만 찾는 거야."

그렇게 합리화하며 제 방식이 가장 정직하고 순수하다고 믿었습니다. 이런 생각에서 로또조차 사지 않았죠.

대학시절의 저는 그런 신념이 더욱 굳어졌습니다. 일부 과목에서는 동기들 대부분이 컨닝 페이퍼를 만들며 쉬운 길을 찾았지만, 저는 "그건 반칙이지."라며 끝까지 홀로 밤을 새우며 시험을 준비하는 어쩌면 고지식한 학생이었습니다. 불리한 상황을 뻔히 알면서도 정정당당하게 승부를 보았고, 결국 매 학기 전액 장학금을 지켜냈던 경험은 저에게 "바른길만 가도 결국은 보상받는다."라는 확신을 심어 주었습니다. 그러니 투자 이야기가 나올 때마다, 고개를 돌리며 스스로를 더욱 고결한 사람이라 자부하곤 했던 것입니다.

하지만 시간이 흐르면서 이런 제게도 의문이 생기기 시작했습니다. 저처럼 성실하게 살아가는 사람들이, 아니 어쩌면 저보다 더 열심히 사는 사람들조차 왜 여전히 경제적 어려움에서 벗어나지 못하는 걸까? 주변을 둘러보면, 20년 넘게 한 직장에서 묵묵히 일해 왔던 사람들이 노후 준비는커녕 갈수록 살기가 팍팍해지는 상황에 놓이는 경우가 허다했습니다.

'성실함만으로는 해결되지 않는 현실이 있구나.'

제가 그토록 자랑스러워했던 노동으로만 버는 방식이 과연 지속 가능한 것인지 점점 알 수 없었습니다. **열심히 일해도 물가는 계속 오르고, 아무리 절약해도 목표하는 미래는 점점 더 멀어질 수 있다는 사실을 인지하기 시작했습니다.**

투자를 부정하던 제 사고방식은 사실 직접적인 경험에서 비롯된 것이 아니었습니다. 그것은 일종의 편견이었습니다. 어릴 때부터

듣던 어른들의 단편적인 이야기, 사촌오빠의 무책임한 행동, 언론에서 들려오는 극단적인 실패 사례들이 합쳐져서 제 안에 '투자는 부도덕하다.'라는 확신을 만들어낸 것이죠.

하지만 현실은 그보다 훨씬 복잡하고 다층적이었습니다. 제가 외면했던 투자 속에는 성실함만으로는 결코 닿을 수 없는 가능성이 숨어 있었습니다. 저축이 가장 안전하다고 믿었지만, 인플레이션은 제 돈의 가치를 매일 조금씩 갉아먹고 있었고, 그 결과 제 통장은 단순히 잠든 돈을 쌓아 두는 장소에 불과했습니다.

그제야 저는 서서히 믿음을 바꾸고 용기를 내어 투자에 대해 배우기 시작했습니다. 그러자 제가 쌓아왔던 편견의 벽이 차례로 무너졌습니다.

투자란 단순히 돈을 불리는 수단이 아니었습니다. 그것은 경제 전체의 성장에 함께 참여하는 방식이었죠. 기업에 투자한다는 것은 그 기업이 더 많은 가치를 창출할 수 있도록 돕는 일이었고, 그 과정에서 얻는 수익은 충분히 정당한 대가였습니다.

적은 금액부터 시작해 본 투자 경험은 제 사고방식을 훨씬 넓혀 놓았습니다. 돈은 단순히 저축해 두는 대상이 아니라 경제 활동 속에서 가치를 만들어내는 도구라는 것을 몸으로 느낄 수 있었습니다. 처음에는 작은 변동에도 마음이 흔들렸지만, 점차 시장의 흐름을 이해하게 되면서 투자는 도박이 아니라 시간을 들여 익혀가는 기술이라는 사실을 알게 되었습니다.

이제 저는 투자에 대해 맹목적인 찬양도, 무조건적인 거부도 하지 않습니다. 대신 제 삶을 설계하는 데 있어, 투자를 중요한 한 축으로 받아들이고 있습니다. 물론 리스크는 언제나 존재합니다. 하지만 그 리스크는 충분히 관리할 수 있는 영역이고, 그 과정을 배우는 것 자체가 성장임을 깨달았습니다. 더 중요한 것은 리스크를 피한다고 해서 안전해지는 게 아니라는 점이었습니다. 아무것도 하지 않는 것 또한 하나의 선택이며, 그 선택에도 분명한 기회비용이 따른다는 걸 알게 되었습니다. 투자를 부정한다고 해서 더 도덕적인 사람이 되는 것은 아니었던 겁니다.

오히려 편견 때문에 가족과 자신의 미래를 스스로 제한하고 있었던 건 아닌지 돌아봐야 합니다. 투자에 대한 편견을 버리는 것은 단순히 돈을 늘리는 방법을 배우는 것이 아니라 미래를 대하는 태도를 근본적으로 바꾸는 일입니다.

'언젠가는 나아지겠지.'라는 막연한 희망에서 벗어나 '어떻게 하면 될까?'라는 구체적인 설계로 나아가는 것. 그 순간 당신의 꿈은 더 이상 멀리 있는 희망이 아니라 지금 여기에서 차근차근 다가올 수 있는 현실이 됩니다.

저는 이제 알고 있습니다. 진정으로 성실한 사람은 자신의 편견을 점검하고, 더 나은 길이 있다면 기꺼이 배울 용기를 가진 사람이라는 것을. 그리고 그런 용기야말로 가난의 굴레에서 벗어나는 첫걸음이라는 것을 말이죠.

큰돈이 있어야만 투자할 수 있다는 오해

"투자할 돈이 어딨어~ 먹고 살기도 바빠 죽겠는데."

2년 전 점심시간, 구내식당에서 들려온 이 짧은 한마디가 다시금 제 귓가에 맴돕니다. 그때 저는 밥을 먹으며 건너편 테이블에서 흘러나오는 한 동료의 대화에 자동으로 귀가 기울여졌습니다. 월급에서 공과금과 대출이자, 자녀학비, 생활비를 제하고 나면 남는 게 하나도 없다며 깊은 한숨을 내쉬는 동료의 모습이 너무나 현실적이었습니다.

사실 저라고 크게 다르지 않았습니다. 월급날이면 바로 또 다음 달 월급을 기다리게 되는 현실. 하지만 한 가지 다른 점이 있었습니다. 저는 그즈음부터 적은 금액씩이나마 투자를 시작한 상태였습니다. 그래서인지 그의 대화를 들으며 어쩐지 씁쓸한 마음이 들었죠. '이 작은 시작의 힘을 저들도 알면 좋을 텐데….'

그렇게 2년이라는 시간이 흘렀습니다. 최근 그 동료와 근황을 나눌 기회가 있었습니다. 이런저런 사는 이야기를 잠시 나눴지만, 그의 상황은 2년 전과 놀랍도록 흡사했습니다. 여전히 "먹고 살기 바쁘다."라는 이야기를 하며, 월급에만 의존하는 삶의 틀에서 벗어나지 못하고 있었습니다.

반면 저는 그 사이 어떤 변화를 겪었을까요? 처음 시작은 정말 보잘것없었습니다. 하루에 고작 천 원씩 투자하는 수준이었으니까요. 커피 한 잔 값도 안 되는 그 작은 돈이 무슨 의미가 있을까 싶기도 했습니다. 하지만 신기하게도 그 작은 시작이 제게 용기를 주었습니다. 천 원으로 시작했기에 부담이 없었고, 차츰 종목을 조금씩 더 늘려갈 수 있었습니다. 매일 한 종목당 천 원이지만 점차 종목이 늘어나니, 어느새 제법 의미 있는 금액을 투자하고 있었습니다. 그렇게 조금씩 '돈이 저를 위해 일하는 구조'를 만들어 가며, 퇴사 이후의 삶에 필요한 자본을 만들어 가고 있습니다. 그때 깨달았습니다. 정말 중요한 것은 '완벽한 준비'가 아니라 '먼저 시작하는 것'이라는 사실을. 같은 출발점에서 시작했지만, 작은 선택의 차이가 이렇게 다른 결과를 만들어낸 것입니다.

놀라운 변화는 돈의 금액보다도 다른 곳에서 일어났습니다. 이전엔 관심도 없던 시장의 흐름을 읽게 되었고, 뉴스를 볼 때도 경제 기사부터 관심을 가지게 되었습니다. 무엇보다 돈을 바라보는 관점이 완전히 달라졌습니다. '오늘 쓸 돈'이 아닌 '미래를 위한 씨앗'으로 생각하게 된 것입니다. 같은 천 원이라도 전혀 다른 무게로 다가왔습니다.

세계적인 투자자 워런 버핏의 이야기를 들여다보면 더욱 분명해집니다. 그는 불과 11살이라는 어린 나이에 생애 첫 주식투자를 했습니다. 그리고 평생을 투자와 함께 살아왔죠. 여기서 흥미로운 사실 하나는, 그의 어마어마한 부의 대부분이 50세 이후에 만들어졌다는 점입니다. 이는 단순히 일찍 시작해서 오랜 시간을 복리의 마법에 맡겼기 때문입니다. 결국 투자에서 진짜 중요한 것은, 얼마로 시작하느냐가 아니라 언제 시작했느냐는 하는 것임을 버핏의 삶이 증명해 주고 있습니다.

투자를 작게 시작하는 것이 오히려 더 좋은 이유가 있습니다. 수영을 책으로만 배울 수 없듯이, 투자도 직접 발을 담그고 경험해야만 체득할 수 있는 것들이 있기 때문입니다. 아무리 적은 금액이라도 내 돈을 걸고 시장에 발을 담그는 순간, 비로소 진짜 공부가 시작됩니다. 시장이 5% 오른 날의 은근한 기쁨과 3% 떨어진 날의 작은 불안감. 이런 감정의 파도들을 적은 돈을 통해 미리 경험해 둔다면, 나중에 더 큰 금액을 다룰 때 훨씬 침착하게 판단할 수 있습니다. 마치 운전을 배울 때 연습장에서 충분히 익숙해진 후에 도로로 나가는 것과 같은 이치죠.

투자에서 금액보다 더 강력한 힘을 발휘하는 것은 바로 시간입니다. 매달 10만 원씩 10년 동안, 연 7% 수익률로 투자한다고 한 번 생각해 보세요. 단순하게 계산하면 내가 넣은 원금은 총 1,200만 원입니다. 여기에 복리의 힘이 더해지면, 이 돈은 약 1,730만 원 정도가 됩니다. 같은 1,200만 원인데, 시간에 따른 복리가 500만 원이 넘는 차익을 더 만들어 준 것입니다. 이 기간이 20년, 30년으로 늘어나면 그 차이는 더 벌어지겠죠. 20대 초반부터 작은 돈으로라도 꾸준히 투자한 사람과 40대 이후에 한 번에 큰돈을 넣는 사람의 결과는 전혀 달라집니다. '큰돈이 생기면 그때 시작하지 뭐.'라는 생각은 사실상 복리의 가장 소중한 재료인 '시간'을 스스로 포기하는 선택과 다르지 않습니다.

처음부터 큰돈으로 시작하면 시장의 작은 변화에도 마음이 크게 흔들립니다. 밤에 잠을 설치고, 하루 종일 차트만 들여다보며 불안에 빠지기 쉽죠. 하지만 소액으로 시작하면 심리적 부담이 훨씬 적어집니다. 그래서 더 냉정하고 객관적인 판단을 내릴 수 있게 됩니다. 분산투자나 적립식 투자 같은 안전한 전략들도 자연스럽게 몸에 배게 됩니다.

2년 전, 처음 투자를 시작했을 때 가장 놀라웠던 것은 투자가 단순히 돈을 늘리는 기술이 아니라는 사실이었습니다. 그것은 제 마음가짐과 생활습관까지 바꿔놓는 일이었어요. 투자를 시작한 후부터는 천 원의 의미가 완전히 달라졌습니다.

그렇다고 해서 무조건 쓰지 않는 인색한 사람이 된 것은 아닙니다. 오히려 더 현명하게, 더 의미 있게 돈을 사용하게 되었다고 해야 맞을 겁니다. 불필요한 소비는 줄어들었지만, 정말 필요한 것이나 가치 있는 것에는 기꺼이 투자할 수 있게 되었으니까요. 매달 조금씩 늘어나는 투자 금액을 확인할 때마다 작은 성취감을 느꼈고, 절약하는 습관과 투자하는 습관이 서로 힘을 보태며 선순환의 고리를 만들어 갔습니다. 돈에 대한 제 관점이 '소비의 대상'에서 '성장의 도구'로 완전히 바뀐 것입니다.

"소액으로 무슨 의미가 있어? 큰돈을 한 번에 넣어야 효과가 있지."

혹시 이런 생각을 하고 계신다면, 그 생각이야말로 당신을 지금 그 자리에 계속 머물게 하는, 보이지 않는 족쇄라고 말씀드리고 싶습니다. 시장 경험도 없이 큰돈을 한 번에 투자하는 것은 운전 연습도 하지 않고 고속도로에 바로 뛰어드는 것만큼이나 위험합니다. 타이밍을 잘못 잡으면 손실을 회복하는 데 정말 오랜 시간이 걸릴 수도 있습니다.

반면 적은 돈으로 꾸준히 시작하는 사람은 시장의 흐름과 복리의 힘을 차근차근 익혀가면서 결국 더 안정적이고 큰 자산을 만들어냅니다. 10년을 기다리는 것보다 오늘 당장 시작하는 천 원이 훨씬 더 강력한 힘을 발휘할 수 있습니다.

내 집 마련, 아이들 교육비, 은퇴 후의 안정된 생활, 새로운 도전을 위한 자금…. 우리가 꾸는 어떤 꿈이든 결국에는 자본이 필요합니다. 그 자본을 마련하는 가장 현실적이고 확실한 방법은 큰돈이 생기기를 막연히 기다리는 것이 아니라 지금 당장 적은 금액으로라도 투자를 시작하는 것입니다. 돈이 당신을 위해 일하는 구조를 만들어 두면, 더 이상 돈 때문에 꿈을 뒤로 미루지 않아도 됩니다.

지금, 이 순간부터 계좌를 만들고 자동이체로 하루 천 원, 매달 만 원이라도 투자를 시작해 보세요. ETF든 코인이든 어떤 투자 상품이든 상관없습니다. 중요한 것은, 얼마를 가지고 시작하느냐가 아니라 '시작한다'라는 그 자체입니다. 그리고 그것을 하루하루 이어가는 습관으로 만드는 것입니다. 작은 행동들이 차곡차곡 쌓여 복리의 시간을 만들어낼 것이고, 그 시간이 결국 당신의 꿈을 현실로 끌어당겨 줄 것입니다. 당신의 새로운 미래는 바로 오늘의 그 '천 원'에서 시작됩니다.

투자는 전문가의 영역이라는 편견이 가난을 만든다

"어려운 투자를 나 같은 사람이 어떻게 해."

이런 말을 습관처럼 하는 사람들을 주변에서 자주 만납니다. 그리고 그들은 곧바로 이렇게 덧붙이곤 하죠. "그래도 전문가가 말해주는 대로 하면 안전하지 않을까?"

2023년 초, 저 역시 정확히 그런 사람이었습니다. 처음으로 투자를 시작했을 때의 제 모습을 떠올려 보면 지금도 얼굴이 달아오릅니다. 그때의 저는 투자에 대한 지식도, 경험도 전혀 없었습니다. 주식 종목도 너무 많고 이름조차 생소했으며, 주식 차트를 보면 빨간색과 파란색 막대기들이 시시때때로 뒤바뀌는 변동성에 마음이 불안했습니다. 현재의 주가가 고점인지 저점인지, 사야 할 타이밍인지 팔아야 할 때인지 전혀 알 수 없었죠.

그러니 자연스럽게 전문가라는 사람들에게 의존할 수밖에 없었습니다. 유튜브에서 자신 있게 종목을 추천하는 사람들, 경제 기사에서 언급되는 유망주들, 지인이 "이거 괜찮다더라."라며 흘려준 정보들…. 저는 그들의 조언이라면 안전할 거란 생각에 의심 없이 해당 종목을 매수하고, 오를 것이란 기대감에 차 있었습니다.

"전문가가 추천한 종목이니 안전하겠지?"

"그 사람 말이라면 틀릴 리 없어."

그렇게 스스로를 안심시키며, 제가 이해하지도 못하는 기업들의 주식을 하나둘 담기 시작했습니다. 하지만 결과는 기대와 전혀 달랐습니다. 2년이 훌쩍 넘은 지금까지도, 그때 전문가의 조언만 믿고 매수했던 종목들의 대부분이 마이너스 수익률에서 벗어나지 못하고 있습니다. 증권사 앱을 열 때마다 마주치는 그때 그 종목들은 제게 매일 같이 소중한 교훈을 일깨워 줍니다.

진짜 문제는 전문가의 예측이 빗나간 것이 아니라 나 자신이 스스로 판단하지 않고 남의 말에만 의존했다는 것이었습니다. 그때야 비로소 깨달았습니다. 제가 한 것은 투자가 아니라 투기였다는 것을. 내 돈을 온전히 타인의 판단에 맡기고 운에 기대는 행위였다는 것을 말입니다.

전문가라는 단어에는 묘한 힘이 있습니다. 마치 그들의 말만 따르면 복잡한 시장을 쉽게 헤쳐나갈 수 있을 것 같고, 안전하게 수익을 낼 수 있을 것 같은 착각을 불러일으키죠. 하지만 시간이 흐르며 알게 된 것은, 그들 역시 완벽하지 않은 사람이라는 단순한 사실이었습니다. 아무리 뛰어난 전문가라고 해도 시장을 100% 정확하게 예측할 수는 없습니다. 시장은 너무나 복잡하고, 변수 또한 많으며, 인간의 감정까지 개입하는 예측 불가능한 세계이기 때문입니다.

그렇다면 무엇이 제 돈을 지켜 줄 수 있을까요?

결국 내 돈의 진짜 주인은 나 자신이며, 내 눈으로 직접 보고 이해한 것만이 진정으로 믿을 수 있다는, 어쩌면 너무나 당연한 진리를 그제야 깨닫게 되었습니다. 그 깨달음 이후 저는 완전히 다른 방식으로 접근하기 시작했습니다.

먼저 명확한 원칙을 세웠습니다. 시가총액 상위의 안정적인 기업들, 장기적 성장 가능성이 있는 종목들에만 투자하기로 했습니다. 한꺼번에 큰돈을 몰아넣는 대신, 매달 일정한 날에 일정한 금액을 꾸준히 투자하는, 단순하지만 강력한 구조를 만들었습니다. 시장이 오르든 내리든 상관없이, 그저 정해진 원칙대로 투자했습니다.

그러자 놀라운 변화가 찾아왔습니다. 전에는 주가의 등락에 따라 가슴이 뛰고 밤잠을 설쳤는데, 이제는 시장의 움직임에 더 이상 불안에 떨지 않게 되었습니다. 오히려 주가가 떨어지는 날에는 좋은 가격에 추가 매수할 수 있는 기회로 받아들이게 되었습니다.

돌이켜보니 과거의 제 행동에는 명확한 구조도, 일관된 원칙도 없었습니다. 단기적 등락에만 반응하고, 감정에 휘둘리며, 남의 말에만 의존했죠. 하지만 구조를 세운 후의 투자는 전혀 달랐습니다. 시장의 변동성은 더 이상 두려움이 아니라 단기적 소음에 불과했습니다. 탄탄한 구조와 충분한 시간이 제 돈을 지켜 주고 있다는 것을 알 수 있었거든요.

이 과정에서 돈에 대한 제 관점도 완전히 바뀌었습니다. 돈은 단순한 숫자가 아니라 올바른 구조 속에서 시간과 함께 성장하며 꿈을 지탱하는 살아 있는 기반이었습니다. 이 순간부터, 제 꿈은 더 이상 아득히 먼 곳에 있지 않았습니다. 구체적이고 현실적인 계획으로 다가왔습니다.

"나는 전문가가 아니니까, 아직은 잘 몰라서…."

이런 말은 시작하지 않겠다는 정중한 변명에 불과합니다. 전문가가 되어야만 투자할 수 있다면, 이 세상 누구도 투자할 수 없을 겁니다. 전문가들도 틀리는 게 일상이니까요. 중요한 것은 전문가가 되는 게 아니라 내가 이해할 수 있는 범위에서 명확한 구조를 세우는 것입니다. 그리고 그 구조를 꾸준히 지켜나가는 것입니다. 투기는 구조 없는 충동이지만, 투자는 구조 속에서 꿈을 차근차근 설계해 나가는 과정입니다. 전문가의 화려한 분석보다 당신의 소박한 원칙이, 다른 누군가의 확신에 찬 추천보다 당신이 세운 기준이 결국 당신의 돈을 지켜 줄 것입니다.

"나는 지금 충동 속에 있는가, 아니면 구조 속에 있는가?"

이 간단한 질문 하나가 당신의 미래를 결정할 것입니다. 당신의 꿈이 감정의 파도에 휩쓸려 흔들릴지, 아니면 단단한 구조 위에서 차근차근 자라날지를 말입니다. 전문가의 조언을 참고하는 것은 좋습니다.

하지만 맹목적으로 따르는 것과 판단 근거로 활용하는 것은 완전히 다른 일입니다. 최종 결정권자는 당신이어야 하고, 그 책임도 당신이 져야 합니다. 그래야만 진짜 투자가 시작됩니다. 그래야만 당신의 꿈이 흔들리지 않는 단단한 기반 위에서 성장할 수 있습니다.

오래된 믿음을 깨뜨려야 꿈이 다가온다

2년 전, 저는 본격적으로 '부의 여정'으로 들어서며 내 안에 뿌리 내려 있던 낡은 생각들과 마주했습니다. 그리고 지금의 저는 그때의 제가 감히 꾸지 못했을 꿈, 제주도에 8층짜리 복합문화센터를 짓겠다는 꿈을 품고 있습니다. 달라진 것은 능력도, 환경도 아닌, 바로 '믿음'이었습니다.

1년여 전, 광주에서 세미나를 마친 후 만났던 한 동기와의 대화가 떠오릅니다. 저는 조심스럽게 앞으로의 계획에 대해 살짝 언급했습니다. 아직 구체적인 형태는 아니었지만, 향후 직장을 퇴사하고 내가 원하는 삶으로 가보겠다는 다짐이었죠.

그러자 동기는 곧바로 제게 물었습니다.

"안 되면 어떡하려고? 플랜 B는 있어?"

순간 저는 당황했습니다. "플랜 B? 그런 거 없는데?" 집으로 돌아오며 저는 계속 그 순간을 떠올렸습니다. '플랜 B를 세워 두지 않은 내가 잘못된 걸까?'

며칠 후, 저는 독서모임 지정 도서인 『백만장자 시크릿』이라는 책을 읽어가는 동안 한 사람의 얼굴이 자꾸 떠올랐습니다. 바로 며칠 전 만났던 그 동기, 그리고 그가 남긴 키워드 '플랜 B.' 동기의 질문은 진심 어린 걱정이 아니라 변화가 두려운 사람이 흔히 하는 말이라는 사실을 깨달았습니다. 동기는 변화를 미루는 이유가 참

많았습니다. 아내가 있어서, 자식들이 어려서, 지금도 충분히 만족해서…. 겉으로는 안정처럼 보였지만, 사실은 안 될 거라는 믿음이 만든 핑계였습니다. 책 속에서 말하는 가난한 사람의 사고방식과 너무나 닮아 있었죠.

며칠 뒤, 독서 모임 발표를 통해 저는 중요한 사실을 발견하게 되었습니다. 제가 플랜 B를 세워 두지 않았던 게 아니라 저에게는 애초에 플랜 B가 없었다는 사실을요. 그리고 그 이후로도 플랜 B는 세우지 않았습니다. 왜냐하면 저는 시작부터 '안 될 거다.'라는 생각 자체를 하지 않기 때문입니다.

주변 사람들에게 종종 듣는 말이 있습니다. "안 될 거라는 생각 자체가 없는 사람 같아." 맞아요. 저는 시작부터 실패를 염두에 두지 않습니다. 굳이 스스로 발목을 잡을 이유가 전혀 없으니까요. 이것이 무모함이나 맹목적 낙관주의라고 생각할 수도 있습니다. 하지만 저는 압니다. 안 될 거라는 믿음이야말로 가장 확실한 실패의 씨앗이라는 것을요.

생각해 보세요. 안 될 거라 믿는 사람이 무언가를 제대로 시작할 수 있을까요? 안 될 것이 뻔한데, 시작하는 것이 오히려 이상한 논리겠죠. 그들은 늘 변명거리를 찾습니다. "나이가 너무 많아서", "자본이 없어서", "경험이 부족해서", "타이밍이 안 좋아서…." 그렇게 하나씩 변명을 쌓으며 현재라는 안전한 감옥에 스스로를 가

둬버립니다. 그 감옥은 편안해 보이지만, 사실은 꿈이 죽어가는 무덤과 같습니다.

반면, 될 거라고 믿는 사람은 어떨까요? 불안과 흔들림 속에서도 끝내 걸음을 내딛습니다. 완벽하지 않아도, 부족해도, 일단 시작합니다. 그 믿음 하나가 기회를 만들고, 행동을 만들고, 결국 꿈을 현실로 끌어당깁니다.

여기서 제가 얻은 교훈은 단순하면서도 강렬합니다. 어떤 길을 택하느냐보다 더 중요한 것은 그 길이 가능하다고 믿는 힘이라는 것을. 그리고 이 믿음의 작동 방식은 '투자'에 대한 인식에서도 똑같이 나타납니다. 우리가 흔히 가난을 만드는 생각에 사로잡히는 이유는 그것이 안전하다고 믿기 때문입니다. '투자는 위험하고 부정한 거야.' '큰돈이 있어야 투자할 수 있어.' '투자는 전문가만 할 수 있는 거야….' 이런 생각들은 마치 우리를 보호해 주는 방패처럼 느껴지지만, 사실은 우리를 현재에 묶어 두는 족쇄에 가깝습니다. 보호해 주는 것이 아니라 가능성을 차단하고 있었던 거죠. 그 족쇄를 찬 채로는 아무리 꿈을 꾸어도 한 발짝도 나아갈 수 없습니다. 지금의 상태를 유지하게 하고 새로운 선택을 하지 못하게 합니다.

하지만 믿음을 전환하는 순간, 같은 상황, 같은 조건이라도 세상을 바라보는 시선이 달라집니다. 위험 대신 기회가, 장벽 대신 가능성이, 변명 대신 방법이 보이기 시작합니다. 마치 선글라스를 벗은 것처럼 같은 상황이 훨씬 밝고 선명하게 보이게 됩니다.

당신께 묻고 싶습니다. 지금 당신이 붙들고 있는 생각이 정말 당신의 꿈을 지켜 주는 생각인가요? 아니면 가난을 굳히는 또 하나의 핑계일 뿐인가요? 이 질문이 불편하게 느껴진다면 그건 변화가 필요하다는 신호입니다.

저 역시 2년 전만 해도 지금의 꿈은 상상하지 못했습니다. 변한 것은 현실이 아니라 현실을 바라보는 '믿음'이었습니다. 믿음을 깨뜨리는 순간, 현실은 바뀝니다. 정확히는 현실을 보는 눈이 바뀝니다. 그리고 보는 눈이 바뀌면 행동이 바뀌고, 행동이 바뀌면 결과가 바뀝니다.

가난을 만드는 생각에서 벗어나세요. 오래된 믿음을 깨뜨리는 순간, 당신의 꿈은 비로소 당신의 편이 됩니다. 그리고 이제, 당신은 알게 되었을 겁니다. 꿈은 단순히 희망이 아니라 믿음에서 시작되는 설계라는 것을 말이죠.

이제 다음 장에서는 그 꿈을 실제 설계도로 바꾸는 구체적인 방법을 이야기하겠습니다. 당신이 지금, 이 순간 깨뜨린 낡은 믿음이 어떤 새로운 가능성으로 이어질 수 있는지 함께 살펴보겠습니다.

여기까지 진지하게 읽어왔다면, 당신은 이미 변화의 첫걸음을 내딛고 있습니다.

PART 2 토대 공사

지출 구조를 재설계해 투자금 만들기

집을 짓기 위해서는 먼저 '설계도'를 그려야 합니다. 어떤 집을 짓고 싶은지, 그 집이 어떤 공간이 될지를 먼저 구상하는 것이죠. 그러나 아무리 정교하고 멋진 설계도를 그려도 그것만으로는 집이 세워지지 않습니다. 실제로 땅을 다지고 기초를 올리는 '토대 공사'가 이어져야만 집의 완성이 현실이 될 수 있습니다.

부의 설계도 역시 마찬가지입니다. 1장에서 우리는 가난과 부를 가르는 생각을 새로 설계했습니다. 이제 2장에서는 그 설계도를 바탕으로 실제로 땅 위에 올려 세우는 기초 작업에 들어가야 합니다. 그 첫 단계가 바로 지출 구조를 새롭게 설계해 투자금을 마련하는 일입니다. 월급이라는 자원을 그냥 흘려보내지 않고, 꿈을 지탱할 토대 위에 단단히 쌓아올리는 것입니다.

그러기 위해서 당신이 먼저 해야 할 일은 돈이 어디로 흘러가고 있는지 직시하는 것입니다. 왜 늘 월급이 통장을 스쳐지나 사라지는지, 어디에서 새고 있는지를 알아야 합니다. 이 과정에서 사소한 지출이 반복되면 얼마나 큰 구멍을 만드는지를 깨닫게 될 것입니다. 그리고 그 구멍을 막아내는 작은 습관들이, 사실은 부의 첫걸음을 열어 준다는 사실을 알게 될 것입니다.

다음은 자신의 투자 성향을 파악하는 과정입니다. 누군가는 안정적인 길을, 또 누군가는 조금 더 역동적인 길을 선호합니다. 남의 방식이 아니라 내게 맞는 방식을 찾아야만, 흔들리지 않고 오래 갈 수 있습니다. 여기에 계좌를 쪼개는 단순하지만, 강력한 기술을 더합니다. 월급이 들어오는 순간부터 돈이 자동으로 흘러가도록 구조를 만드는 것이죠. 의지에 기대는 것이 아니라 시스템에 기대는 순간, 돈은 흩어지지 않고 제자리를 찾아가기 시작합니다.

또한 작은 습관의 힘을 경험하게 될 것입니다. 월 5만 원이라는 적은 금액을 저축 · 투자로 묶어 두는 것, 그리고 그 흐름을 계속 늘려가는 경험이 바로 '부자 근육'을 키우는 훈련입니다. 적은 금액에서 시작했더라도, 꾸준히 이어가면 그것은 곧 자산이 자라나는 경험으로 이어집니다. 그리고 쓰고 남는 돈을 모으는 것이 아니라 먼저 투자와 저축을 떼어놓고 남은 돈으로 생활하는 순서의 전환이 1년 뒤, 5년 뒤, 10년 뒤의 삶을 완전히 달라지게 만들 것입니다. 마지막으로, 월급 250만 원으로 9개월 만에 1,000만 원을 만들 수 있는 로드맵, 적금 풍차 돌리기에서 주식 풍차 돌리기로 이어지는 구체적 방법들을 통해, 씨앗 자본을 더 빠르고 강력하게 마련하는 길을 제시할 것입니다.

이 장을 다 읽고 나면 분명히 알게 될 것입니다. 지금까지 당신이 가난 속에 머물렀던 이유는 월급이 적어서가 아니라 구조가 없었기 때문이라는 것을요. 돈이 부족한 것이 아니라 돈이 흘러가는 길이 잘못 설계되어 있었던 겁니다. 이제부터는 그 길을 새롭게 닦고, 당신의 꿈을 지탱할 토대를 단단히 다져야 합니다. 한 페이지, 한 페이지를 따라가다 보면, 당신의 월급은 제자리를 찾아가고, 그 돈은 씨앗이 되어 미래를 자라나게 할 것입니다.

이제 당신은 선택의 기로에 서 있습니다. 흘러가는 대로 지금의 불안한 구조 속에 머물 것인가, 아니면 오늘부터 새로운 토대를 쌓아 꿈을 키워낼 것인가.

월급은 늘 통장을 스친다, 이제 돈의 흐름을 설계하라

월급 당일, 통장에 찍힌 숫자를 확인하기도 전에 이미 대부분의 돈이 사라지지는 않았나요? 카드 대금, 대출이자, 공과금이 줄줄이 빠져나가고 나면, '이번 달은 또 어떻게 버티지?'라는 생각만이 남왔을 겁니다. 그러고는 이런 월급으로는 절대 삶의 경제적 구조를 바꿀 수 없다고 체념해 버렸을 거예요.

그러나 제가 지난 2년여의 시간 동안 겪은 사실은 달랐습니다. 돈이 모이지 않는 이유는 월급의 크기가 작아서가 아니라 돈이 흘러가는 구조가 없었기 때문이었습니다.

사회초년생 시절, 짧은 기간에 돈을 모아 작은 집을 마련했던 사례를 돌아보면, 그때는 달랐습니다. 신용카드도 혜택 범위 안에서만 절제해 썼고, 다음 달로 흐름을 이어가게 하고 싶지 않아 할부는 되도록 사용하지 않았습니다. 무엇보다 적금이라는 강제 시스템에 저의 의지를 맡기면서 꾸준히 돈을 모아갈 수 있었습니다. 그때는 구조가 단순했고, 그랬기에 들어오는 돈과 나가는 돈의 흐름이 명확했습니다.

문제는 오히려 집을 마련한 이후 삶에 조금 여유가 생겼다고 느끼게 되면서 시작됐습니다. 엄마와 함께 생활할 보금자리를 마련한 이후부터는 엄마와 여행도 다니고, 경제적 이유로 하지 못했던 취미생활도 즐기면서 카드 사용이 급격히 늘어나기 시작한 것입니다. 그 자체로는 소중한 경험이었지만, 돈의 흐름은 눈에 보이지 않을 만큼 복잡해졌습니다. 월급이 들어와도 대부분 카드 대금으로 빠져나갔고, 부족한 부분은 다시 카드로 메우는 일이 반복되었던 것입니다. 그리고 한동안 돌려막는 생활이 이어지니, 한 달 동안 정확히 얼마를 쓰는지 알 수 없게 되었습니다. 초반처럼 시스템 속에서 명확한 돈의 흐름이 보이지 않으면서, 반복된 생활이 이어졌습니다. 가장 답답했던 건 문제를 알면서도 쉽게 벗어날 수 없다는 점이었습니다. 신용카드를 더 이상 사용하지 않기 위해서는 여윳돈으로 흐름을 한번 끊어줘야 하는데, 그럴 상황이 아니라면 같은 방법으로 계속 흘러가는 수밖에요. 결국 통제권을 잃은 채, 돈이 저를 이끄는 삶이 이어졌습니다.

2년 전, 꿈을 향한 경제적 여정을 시작하며 근본적인 변화가 필요하다는 것을 깨달았습니다. 그리고 결심했습니다. 그 결정은 단순했지만 확고했고, 그때부터 지출 구조를 완전히 새롭게 설계했습니다. 신용카드는 공과금 자동이체만 걸어 두고, 생활비는 오직 지역화폐 카드(체크카드)에 넣은 한 달 예산 내에서만 쓰기로 한 겁니다.

제가 정한 금액은 한 달 용돈 30만 원. 처음 한두 달은 부족했습니다. 하지만 점차 꿈을 향한 열정이 깊어지면서 돈을 소비할 시간과 필요성은 점차 줄어들었습니다. 그리고 30만 원만으로 꾸려가는 긴축재정 생활이 생각보다 어렵지 않게 느껴지기 시작했습니다.

돈이 어디로 흘러가는지 그 구조를 파악하기 위해 처음엔 가계부를 써봤습니다. 며칠만 써봐도 패턴이 선명하게 보였습니다. 주말이면 떠나는 여행, 취미생활, 잦은 외식비 등. 특별히 큰 낭비는 아니었지만, 모아놓고 보니 만만치 않은 금액이었습니다. 큰 흐름을 파악하고 한 달에 얼마로 생활해야겠다는 계획이 서고, 구조를 바꾼 후에는 더 이상 꼼꼼한 기록이 필요하진 않았습니다. 이미 원칙과 구조가 세워졌으니까요.

한 달 생활비로 30만 원 안에서만 꾸려가기로 정하자 단순해 보이지만 효과는 놀라웠습니다. 30만 원이라는 명확한 한계가 있으니, 지출할 때마다 자연스럽게 "이게 정말 필요한가?"라는 질문을 하게 된 겁니다. 필요한 것과 그냥 갖고 싶은 것을 구분하게 되고, 소비의 흐름도 눈에 다시 들어왔습니다. 역설적으로 지출이 통제되니 마음은 오히려 자유로웠습니다. 청구된 카드 대금에 놀라지 않아도 됐고, '내가 돈을 지배하고 있구나.'라는 감각을 되찾을 수 있었습니다. 사회생활 초반의 그 느낌이 다시 살아났습니다. 돈에 끌려다니는 대신 내가 돈의 흐름을 이끌어 가는 주도권을 쥐고 있다는 느낌이죠.

우리가 신용카드를 쓸 때는 지금 당장의 욕구에만 집중합니다. 그러다 보니, 당장 돈이 없어도 "다음 달에 갚으면 되지." "할부로 하면 한 달 부담이 크게 줄어드니까."라는 말과 함께 미래의 나에게 계속 빚을 지게 됩니다. 그러다 다음 달 고지서를 받으면, 한 달 전의 나를 원망하고, 후회와 한숨만 나왔을 겁니다. 반대로,

내가 설계한 구조 안에서만 소비하면 같은 월급이라도 완전히 다른 결과를 만들어냅니다. 매 순간의 선택이 미래의 나를 위한 투자로 바뀌고, 그 누적된 효과가 결국 진짜 자유와 꿈의 기반으로 이어집니다.

제가 지난 2년여 동안 부의 토대를 쌓기 위한 경험을 하며 가장 크게 배운 점은 이것입니다.

"월급이 적어서 돈이 모이지 않은 게 아니라 구조가 없었기 때문에 돈이 사라지는 것이다."

돈이 어디로 흘러갔는지조차 모른 채 돈이 사라지고 있다면, 이제 잠시 멈춰 서서 그 길을 똑바로 바라보고 다시 설계해야 합니다.

완벽할 필요는 없습니다. 작은 변화면 충분합니다. 신용카드 대신 체크카드, 무의식적 소비 대신 의식적인 지출, 그리고 쓰고 남으면 모으기가 아니라 먼저 떼어 두고 쓰는 것. 이런 작은 변화만으로도 당신의 월급은 더 이상 통장을 스쳐 지나가는 돈이 아니라 꿈을 키우는 자본으로 자라나게 될 것입니다. 그 순간, 당신은 더 이상 돈에 끌려다니는 사람이 아니라 돈을 다루는 주체적인 설계자가 되는 것입니다. 그리고 그것이야말로 당신의 꿈을 현실 위에 올려 세우는 첫 번째 토대입니다.

부의 첫걸음은 새어나가는 돈을 막는 습관

당신의 소중한 월급이 어디선가 줄줄 새고 있습니다. 아무리 애써 채워 넣어도 바닥에 구멍이 뚫려 있으면 금세 비어버리듯, 당신의 통장도 새는 곳이 있으면 늘 제자리걸음을 할 수밖에 없습니다. 그래서 무조건적인 절약만이 답이 아닙니다. 우선 새는 곳부터 막아야 돈을 쌓아갈 수 있습니다. 혹시 어젯밤에도 계좌를 확인하며 한숨을 쉬지 않으셨나요? 분명 이번 달에는 절약하겠다고 다짐했는데, 잔고를 확인하는 순간 허탈감이 몰려왔을 것입니다. "도대체 돈이 다 어디로 간 거지?"라는 말이 절로 나왔을 거예요. 누구나 이런 경험을 합니다. 월급날 통장이 잠시 채워지는 기쁨은 있지만, 금세 바닥을 드러내는 현실 앞에서는 무력감을 느끼게 됩니다.

큰 지출은 쉽게 잘 보입니다. 대출금, 보험료, 공과금 같은 지출은 다 알고 있습니다. 하지만 당신을 더 힘들게 하는 건 잘 보이지 않는 작은 구멍들입니다. 출근길에 무심코 사서 마시는 아메리카노, 무료배송 조건을 맞추려고 덤으로 끼워 넣은 필요 없는 물건, 힘들었던 하루를 위로한다며 누른 배달앱 버튼, 잠들기 전 아무렇지 않게 결제해 버린 온라인 쇼핑몰의 물건들…. 각각은 대수롭지 않아 보이지만, 한 달이면 수십만 원, 1년이면 수백만 원이 그냥 흘러 나갑니다. 결국 당신의 미래 자금을 갉아먹는 건 바로 이런 작은 지출들입니다.

"작은 지출을 경계하라. 작은 구멍이 큰 배를 침몰시킨다."라는 벤저민 프랭클린의 말처럼, 당신의 통장을 위협하는 것은 늘 큰 지출보다 눈에 띄지 않는 작은 소비들입니다. 실제로 가계부를 적어 보면 금세 드러납니다. 기억도 하지 못하는 지출이 절반 가까이 차지하고 있음을 깨닫게 될 거예요. 이런 소비는 계획에도 없었고, 삶을 더 풍요롭게 만들지도 않습니다. 돈이 모이지 않는 것은 월급이 적어서가 아니라 돈이 흘러가는 구조가 없었기 때문입니다.

당신이 진정으로 부의 건축 여정에 발을 들이고자 한다면, 이제는 작은 변화를 시작해야 합니다. 모든 지출을 하기 전에 단 10초만 멈추고 스스로에게 묻는 것입니다. "이 돈을 쓰고 난 뒤에 나는 정말 더 행복해질까?" 놀랍게도 이 질문 하나만으로도 불필요한 지출의 절반 이상을 걸러낼 수 있습니다. 편의점에서 집어든 음료를 다시 내려놓게 되고, 배달앱 대신 냉장고 문을 열게 되며, 장바구니에 담아 놓은 상품의 결제는 결국 하루를 미루게 됩니다. 하루가 지나고 보면 대부분 꼭 필요하지 않은 것들이었음을 깨닫게 됩니다. 이 작은 실천이 만들어내는 효과는 의외로 큽니다. 한 달에 백만 원이 넘는 돈이 저절로 남기 시작할지도 모릅니다. 무엇보다 달라지는 건 욕구와 필요를 구분하는 눈이 생긴다는 점입니다.

또한, 작은 돈의 무게도 크게 달라집니다. 당신이 매일 마시는 커피 한 잔도 일 년을 모으면 180만 원이 됩니다. 사소하다고 넘겼던 지출들이 사실은 내 삶을 바꿀 수 있는 자본이 될 수 있는 것입니다. 소비습관을 바꾸는 것은 무조건적인 절제가 아니라 더 나은 선택을 조금씩 늘려가는 여정입니다.

윌리엄 제임스William James는 이렇게 말했습니다.

"인간은 습관의 덩어리다."

우리가 반복하는 행동 하나하나가 결국 우리의 삶을 만든다는 뜻입니다. 무심코 반복하는 작은 소비들이 쌓이면 삶은 그대로 흘러가지만, "이 지출이 정말 필요한가?"하고 잠시 멈춰 되묻는 습관을 들이기 시작하는 순간, 그 작은 결정 하나가 전혀 다른 방향으로 당신을 이끌 수 있습니다. 이렇게 새는 구멍을 하나씩 막아가기 시작하면, 돈은 더 이상 흩어지는 물처럼 사라지지 않습니다. 당신의 미래를 천천히, 그러나 확실하게 채워 주는 든든한 힘으로 쌓이기 시작합니다.

새어나가는 돈을 막는다는 것은 삶의 즐거움을 줄이는 일이 아닙니다. 오히려 돈이 무의식적으로 빠져나가는 순간을 줄이고, 내가 정말 행복해지는 곳에 쓰는 비율을 높이는 일입니다. 그동안 자동으로 흘러가던 지출을 조금만 다듬어도, 그 돈은 책을 사고, 강의를 듣고, 나를 성장시키는 사람들과 시간을 보내는 데 쓰일 수 있습니다. 이런 지출은 후회가 아니라 만족을 남깁니다. 습관적인 지출로 "또 쓸데없이 돈을 썼네."라는 자책이, "이건 정말 가치 있는 지출이야."라고 말할 수 있게 될 것입니다.

지금 당장은 돈이 흘러가는 것을 막지 못하고 있을 수 있습니다. 하지만 중요한 것은 결심이 아니라 구조를 만드는 것입니다. 오늘부터 작은 질문 하나, 작은 선택 하나만 시작해 보세요. 그러면 당신의 삶은 완전히 다른 길로 향하기 시작할 것입니다. 작은 구멍을 막는 순간, 돈은 어디론가 사라지는 것이 아니라 당신이 원하는 그릇 안에 차곡차곡 담기기 시작합니다. 흩어지던 돈이 모일 때, 그것은 단순한 숫자가 아니라 당신의 꿈을 지켜 주는 든든한 토대가 됩니다.

투자 성향을 알면 돈이 움직인다

저는 운동화를 즐겨 신습니다. 걷는 것을 좋아하기도 하지만, 무지외반증이 있어서 구두를 오래 신으면 발이 쉽게 피로해지기 때문입니다. 하루 종일 불편함이 이어지고 며칠씩 여파가 남기도 합니다. 반대로 어떤 사람들은 운동화보다 구두가 더 편하다고 합니다. 발 모양에 잘 맞고, 구두 특유의 실루엣에서 자신감을 얻기 때문이지요. 저에게는 운동화가 정답이지만, 다른 누군가에게는 구두가 정답일 수 있습니다.

투자도 이와 다르지 않습니다. 모두에게 똑같이 맞는 답은 없습니다. 투자에도 반드시 나에게 맞는 사이즈와 취향이 있습니다. 어떤 사람은 위험을 감수하더라도 빠른 성장을 추구하고, 다른 사람은 조금 느리더라도 안정적으로 쌓아가는 방식을 선호합니다. 또 어떤 이는 당장의 이익보다 먼 미래의 목표를 위해 묵묵히 기다릴 줄 압니다. 이러한 차이는 단순한 기호가 아니라 각자의 경험, 가치관, 그리고 현재 상황이 만들어낸 고유한 특성입니다.

그럼에도 많은 사람이 자신의 성향을 알지 못한 채 투자를 시작합니다. "주변 사람들이 하니까." "뉴스에서 떠들썩하니까." "놓치면 안 될 기회라고 하니까."라는 말에 휩쓸려 성급히 뛰어듭니다.

그러나 발에 맞지 않는 신발이 오래 신을수록 발이 아파오듯, 성향에 맞지 않는 투자는 결국 마음을 지치게 만듭니다. 작은 손실에도 불안이 커지고, "나는 투자 체질이 아닌가봐."라는 체념에 빠뜨립니다. 그러나 문제는 체질이 아닙니다. 누구에게나 자신에게 맞는 투자 성향이 있고, 거기에 어울리는 방법이 있습니다.

처음 투자를 시작했을 때는 투자에 대한 나의 성향에 대해 잘 몰랐습니다. 단기투자를 하며 순간적인 수익이 주는 짜릿함을 잠깐 즐겨도 봤지만, 그것은 제 발에 맞지 않는 신발이었습니다. 시세의 작은 변동과 타이밍 하나에 결과가 갈리는 단기투자는, 수익의 즐거움보다 불안과 긴장을 훨씬 더 크게 안겨 주었습니다. 그 과정에서 저는 중요한 사실 하나를 배웠습니다.

"투자를 지속하기 위해서는 반드시 자신의 성향과 맞아야 한다."

이후 저는 장기투자 원칙을 세웠습니다. 당장의 수익 실현은 없지만, 마음 편히 투자를 이어갈 수 있고 장기적으로 기다리니 성과는 꾸준히 쌓여갔습니다. 이것이야말로 제게 맞는 신발이었고, 제게 맞는 길이었습니다.

그렇다면 자신의 투자 성향은 어떻게 찾을 수 있을까요. 방법은 의외로 단순합니다.

첫째, 지금까지의 소비 성향과 작은 투자 경험을 돌아보는 것입니다. 돈을 잃었을 때 어떤 감정을 느꼈는지, 수익이 났을 때는 어떤 행동을 했는지 기록하다 보면 자신만의 패턴을 확인할 수 있습니다.

둘째, 가상의 상황을 떠올려 보는 것입니다. "내 투자금의 20%가 한 달 안에 사라진다면 나는 어떻게 할까?" "그 상황에서도 침착하게 기다릴 수 있을까?"와 같은 질문은 내 심리를 객관적으로 드러내 줍니다.

셋째, 소액을 투자하면서 실험해 보는 것입니다. 큰돈을 걸지 않고 주식, 채권, ETF 같은 다양한 방식을 직접 경험하며 감정을 관찰하면, 어떤 환경에서 마음이 편안해지는지 스스로 알 수 있습니다.

어떤 선택이든 나의 성향, 능력, 상황과 연결되어 있을 때 비로소 안정성과 지속성이 생깁니다. 반대로 성향을 파악하지 못한 채 흘러가는 대로 돈을 맡겨버리면, 그 선택 자체가 가장 큰 위험이 됩니다.

투자 성향은 일반적으로 안정형, 적극형, 공격형으로 나눌 수 있습니다. 안정형은 무엇보다 원금 보존을 최우선으로 생각합니다. 그래서 예금, 적금처럼 손실 가능성이 없거나 비교적 안전한 채권 등 변동성이 낮은 상품을 선호합니다.

적극형은 위험을 일부 감수하면서도 안정과 수익의 균형을 추구하며, ETF나 혼합형 펀드를 활용합니다.

공격형은 높은 수익을 위해 큰 위험도 받아들이지만, 그만큼 철저한 분석과 관리가 필요합니다.

이러한 성향은 고정된 것이 아닙니다. 젊을 땐 공격적이었다가 가정을 꾸리며 안정성을 추구하게 될 수도 있고, 처음엔 보수적이었다가 경험을 쌓으며 점차 적극적으로 변할 수도 있습니다. 이러한 변화는 자연스러운 것이고, 자신의 상황을 이해하고 거기에 맞는 전략을 세우는 것이 흔들림 없는 투자의 기본입니다.

자신의 성향을 알게 되면 불필요한 불안에서 벗어나고, 감정적인 실수를 줄일 수 있으며, 자원을 효율적으로 관리할 수 있습니다. 맞지 않는 신발을 억지로 신지 않듯, 자신에게 맞는 방식을 선택할 때 비로소 지속 가능한 성장과 편안함이 찾아옵니다.

"나에게 진짜 중요한 것은 무엇인가? 안전인가, 성장인가? 현재의 만족인가, 미래의 꿈인가?"

이 질문에 답하는 과정에서 비로소 자신만의 길이 보일 것입니다.

투자의 성패를 가르는 것은 거창한 기술이나 큰 자본이 아닙니다. 핵심은 자기 자신에 대한 이해입니다. 위험 앞에서 어떤 선택을 하는지, 돈을 통해 무엇을 이루고 싶은지, 어떤 투자에서 마음이 편안해지는지를 아는 것. 이에 대한 답을 찾을 때 남을 따라 하는 것이 아닌, 자신만의 투자 여정이 됩니다. 그리고 그 여정을 통해 돈은 단순한 수단을 넘어, 꿈을 현실로 만드는 든든한 자본이 됩니다.

계좌 쪼개기로 월급을 지키는 기술

월급날 저녁, 통장을 보며 다짐해 본 적이 있을 겁니다. "이번 달엔 정말 아껴 써야지."

그런데 한 달 뒤, 다시 같은 자리에서 같은 말을 반복하는 자신을 발견합니다. 머릿속으로는 생활비, 저축, 비상금 등을 분명히 구분해 두었다고 생각하지만, 모든 돈이 한 계좌에 뒤섞여 있으면 그 경계는 늘 불분명합니다. 생활비가 부족하면 자연스레 저축할 금액을 줄이게 되고, 갑작스러운 지출이 생기면 비상금을 건드리며 "다음 달에 채우면 되지."라면서 합리화를 하게 됩니다. 그렇게 조금씩 무너진 경계 끝에서 결국 텅 빈 잔고와 마주하며, "도대체 어디에 다 쓴 거지?"라는 자책만 남곤 했을 겁니다.

그러나 이 문제는 의지가 부족해서 생기는 것이 아닙니다. 의지라는 것은 본래 감정과 상황에 따라 쉽게 흔들리기 마련입니다. 피곤한 날, 마음이 무너지는 날, 예상치 못한 변수가 닥친 날이라면 그동안 세워둔 다짐은 허무하게 무너져버립니다. 그래서 필요한 것은 의지가 아니라 구조입니다. 감정의 기복과 상관없이 자동으로 작동하는 틀, 물이 낮은 곳으로 흘러가듯 돈이 스스로 제 자리를 찾아가도록 길을 마련해 주는 것, 그것이 바로 계좌 쪼개기의 본질입니다.

그렇다면 구체적으로 어떻게 해야 할까요? 계좌 쪼개기의 기술은 의외로 단순합니다. 월급이 들어오는 날, 돈이 각각의 '집'으로 흘러가도록 자동이체 시스템을 만들어 두는 것입니다. 예를 들어 아래와 같이 계좌를 나눌 수 있습니다.

- 월급 통장(메인) : 급여가 들어오는 통장, 모든 출발점.
- 고정지출 통장 : 월세, 관리비, 보험, 공과금, 대출 상환. 자동이체로만 쓰이도록 설정.
- 생활비 통장 : 교통비, 식비, 생활용품. 체크카드만 연결해 현

금처럼 사용.

- 비상금 통장 : 의료비, 갑작스러운 지출. 최소 3~6개월치 생활비까지 확장.
- 투자 · 저축 통장 : ETF, 적립식 펀드, 채권, 적금 등 자산 증식을 위한 계좌.
- 목적계좌 통장 : 여행, 자기 계발, 창업 자금처럼 삶의 비전을 위한 특별 계좌.

처음에는 이렇게 전문가들이 권하는 기본 구조부터 시작하면 좋습니다. 고정지출, 생활비, 비상금, 투자계좌, 목적 자금. 다섯 개의 방으로 나누어진 단순하지만 탄탄한 집을 지어 두는 것입니다. 그리고 시간이 흐르면서 자신의 우선순위에 맞게 구조를 조금씩 다듬어 가면 됩니다.

저의 경우는 월급 통장에서 생활비 30만 원을 포인트 환급률이 높은 지역화폐 카드(체크카드)에 이체시킵니다. 8% 환급률로 모이면 제법 쓸모 있는 금액이 되어, 미용실 비용처럼 필요하지만, 부담스러운 지출을 덜어 주고 있습니다. 1년 동안 누적된 절약 효과를 확인하면 의외로 놀라울 정도입니다. 그리고 비상금 통장에 5만 원을 떼어놓고, 나머지는 각종 투자 계좌로 일정 금액을 이체시킵니다.

투자를 시작하면서 계좌가 더욱 세밀해졌습니다. ISA 계좌는 3~5년 이상의 중장기 자금으로 활용하고, 연금저축 계좌는 노후의 자산으로 쌓아가고 있습니다. 일반 주식 계좌는 장기 보유하면서도 필요할 때는 현금화할 수 있도록 종목을 다양하게 분산 투자할 뿐만 아니라 증권사 계좌도 분산 개설해서 관리하고 있습니다.

투자 자산 역시 구분해 관리합니다. 금은 장기적인 안정성을 위해, 비트코인은 수익성과 미래 가능성을 고려해 투자하고 있습니다. 이렇게 각 계좌와 자산에 목적을 명확히 부여하자, 돈이 흩어지지 않고 제 역할을 충실히 해내기 시작했습니다.

지금도 월급날이면 월급 통장의 돈은 당일에 모두 사라집니다. 겉으로만 보면 예전과 다를 바 없어 보입니다. 그러나 그 흐름의 방향은 완전히 달라졌습니다. 과거에는 신용카드 대금, 대출 상환금, 각종 공과금으로 모든 돈이 빠져나갔다면, 지금은 계좌 쪼개기를 통해 월급이 각각의 목적에 맞는 계좌로 흘러 들어갑니다. 결과적으로 월급 통장은 똑같이 텅 비지만, 다른 계좌에서는 돈이 제 역할을 하며 차곡차곡 불어나고 있습니다. 예전에는 돈이 알 수 없게 사라지는 느낌 속에서 허탈한 감정이 들었다면, 지금은 돈이 제자리를 찾아가고 그 속에서 쌓이고 있다는 확신이 듭니다. 같은 월급이지만, 구조를 만들어 돈이 흘러가는 방향이 달라지자 마음의 무게도 완전히 달라졌습니다.

핵심은 금액의 크기가 아닙니다. 100만 원이든 300만 원이든, 돈이 제 역할을 다할 수 있는 구조를 만드는 것이 중요합니다. 그 구조가 결국 삶의 방향을 바꾸게 됩니다. "내 월급은 너무 적어서…." 라는 생각이 들 수 있습니다.

하지만 적은 돈이라도 올바른 길을 만들어 주어야 비로소 모이기 시작한다는 사실을 잊지 말아야 합니다. 오늘 계좌를 쪼개는 작은 선택 하나가, 흩어지던 돈을 붙잡아 당신의 꿈을 향해 흐르게 할 것입니다. 그리고 몇 년 뒤, 당신은 그 선택으로 인해 지금과는 전혀 다른 자리에 서 있는 자신을 만나게 될 것입니다.

구조를 만드는 일은 생각보다 단순하지만, 그 효과는 상상 이상으로 큽니다. 돌아오는 월급부터 바로 시작해 보세요. 돈이 제자리를 찾아가는 놀라운 여정을 직접 경험하게 될 것입니다.

월 5만 원으로 부자 근육 키우는 법

해마다 월급이 조금씩이라도 오르면, 대부분은 자신도 모르는 사이 씀씀이도 함께 늘어나게 됩니다. 저는 이 습관이 얼마나 위험한지 깨닫고, 월급이 올라도 늘 처음 받던 급여 수준에서 돈을 관리한다는 원칙을 세웠습니다. 오른 만큼 더 쓰는 것이 아니라 오른 만큼 더 저축하거나 투자하겠다는 생각을 가진 것이죠.

직장에서 급여를 받을 때 행정공제회에 일정 금액을 저축으로 떼어 놓고 받을 수 있습니다. 이는 시중은행보다 2배 정도 높은 금리로 자동저축 시스템을 만들 수 있는 장점이 있습니다. 매년 급여 인상 때마다 행정공제회 가입 금액을 조정해 매달 수중에 받는 급여를 일정하게 유지했습니다.

하지만 2년 전 투자를 시작하면서부터 저축보다는 직접 투자로 얻을 수 있는 수익률이 훨씬 크다는 점을 깨달아, 최소한의 공제 금액만 남기고 모두 급여로 받고 있습니다. 이 과정에서 얻은 결론은 명확했습니다. 돈을 지키는 힘은 의지가 아니라 구조에서 나오며, 그 구조는 아주 적은 금액으로도 충분히 작동한다는 것입니다.

저는 그 첫 단추를 '월 5만 원'에서 시작했습니다. 이는 커피 몇 잔, 외식 한두 번만 줄이면 마련되는 금액입니다. 그러나 이 5만 원은 제게 단순한 숫자가 아니라 '부자 근육'을 키우는 첫 번째 아령이었습니다. 누구도 운동 첫날부터 바로 20kg 바벨을 들지 않습니다. 1kg, 3kg, 5kg로 천천히 무게를 늘리며 몸을 적응시키듯, 돈을 모으는 습관도 작게 시작해 점점 키워나간다면 누구나 쉽게 시작할 수 있습니다.

이때 제가 선택한 방법은 바로 '적금 풍차 돌리기'입니다. 첫 달에는 5만 원짜리 적금 하나, 둘째 달에는 같은 적금을 하나 더(총 10만 원), 셋째 달에는 세 개(총 15만 원)···. 이런 식으로 매달 5만 원씩 붙는 적금을 12개월까지 단계적으로 늘리는 방법입니다. 이 방식은 시작이 가벼워서, 누구나 부담 없이 시작할 수 있고, 매달 하나씩 늘어날 때마다 성취감이 생겨 지속할 힘이 생깁니다. 무엇보다 여러 계좌로 나눠 두었기 때문에 갑작스러운 지출이 생겨도 일부만 해지하면 되고, 나머지 저축 습관은 그대로 유지됩니다. 바로 이 점이 '부자 근육'이 끊이지 않고 단단히 자리 잡을 수 있는 이유입니다.

다만 지금의 제가 다시 출발선에 선다면, 방식을 조금 달리할 것입니다. 같은 풍차 원리를 적금이 아니라 투자에 적용하는 것이죠. 예를 들어, 첫 달엔 5만 원으로 ETF를 매수하고, 둘째 달엔 같은 ETF에 5만 원을 더하면서 다른 종목에도 5만 원을 추가로 담아 총 10만 원, 셋째 달엔 기존 2종목에 한 종목을 추가해 15만 원…. 이런 식으로 매달 투자 종목과 금액을 늘려가는 방식입니다. 이 원리를 '주식 풍차 돌리기'라고 부를 수 있겠습니다. 지난 2년간의 경험에서, 은행 적금 금리보다 ETF나 주식의 수익률이 훨씬 높다는 사실을 직접 확인했기 때문에 내린 결론입니다.

계좌가 계속 늘어난다고 해서 절대 복잡하지는 않습니다. 작동 원리는 간단합니다. 월급날 당일 고정지출 및 비상금, 생활비 계좌로 일정 금액을 보내고, 5만 원의 계좌를 개설해 자동이체를 걸어두는 것. 혹시 빠듯한 달이 생기면, 신규 적립을 잠시 쉬고 기존만 유지하면 됩니다. 핵심은 돈의 흐름이 끊기지 않고, 이어지는 것입니다. 흐름이 유지되면, 금액은 일시적으로 멈추더라도 충분히 자라날 수 있습니다.

이 작은 씨앗이 시간이 지나면 점점 큰 의미를 갖습니다. 처음엔 단순히 5만 원일뿐이지만, 매달 차곡차곡 쌓여가며 12개의 계좌라는 구조를 갖게 됩니다. 이 과정에서 돈은 사라지는 것이 아니라 자라날 수 있다는 경험을 몸으로 깨닫게 되었고, 이 경험이야말로 재정적 두려움을 점차 자신감으로 바꾸는 힘이 됩니다. 작은 아령이 익숙해지면 자연스럽게 더 무거운 아령을 드는 것처럼 5만 원이 10만 원, 15만 원으로 늘어나는 건 자연스러운 과정이 됩니다.

특히, 이 과정이 '목적'과 연결될 때 지속력은 더 강해집니다. 각 계좌가 여행 자금, 내 집 마련, 창업 준비금처럼 구체적인 이름을 가지면, 계좌의 숫자는 단순한 잔고가 아니라 현실로 다가오는 꿈이 됩니다. 오늘의 5만 원은 '언젠가'라는 막연함이 아니라 '몇 월 며칠에 이루어질 목표'로 선명해지고, 이는 충동 소비를 약하게 하고 꾸준히 의식적 선택을 가능하게 만듭니다.

이 방법은 문턱을 낮추었기 때문에 누구나 바로 시작할 수 있다는 장점이 있습니다. 시작 금액은 5만 원, 시작 날짜는 바로 다음 월급일, 여기에 자동이체를 걸어 두는 것. 그 후에는 매달 한 번, 잔고를 확인하며 세 가지 질문만 던져 보면 됩니다. "이번 달에 기존 계좌의 끊김이 있었는가?", "추가 계좌를 만들 수 있겠는가?", "이 계좌의 목적이 지금의 나에게 여전히 의미 있는가?" 이 세 가지 질문이 당신의 투자 흐름을 잡아주는 든든한 기준점이 되어 줄 것입니다.

5만 원에서 시작해 12번의 풍차를 돌리면, 12개월 후에는 가만히 있어도 60만 원씩의 만기금이 차례로 수중에 들어오게 됩니다. 그러면 60만 원씩의 금액을 차례로 다시 매달 재투자금으로 활용할 수 있습니다. 그리고 기존처럼 매달 5만 원씩만 계좌를 새로 만들면, 60만 원씩의 만기금을 끊임없이 굴릴 수 있는 구조가 이어집니다.

저 또한 이렇게 적금을 활용하다 이후에는 더 큰 성장을 위해 적금보다는 투자에 무게를 두었습니다. 그러나 어떤 방식이든 변하지 않는 원칙이 있습니다.

"먼저 떼고, 꾸준히 쌓아 올린다."

이 원칙이 습관이 되고, 습관이 시스템이 될 때, 돈은 더 이상 흩어지지 않고 제자리를 찾아갑니다.

오늘 당신의 계좌에서 5만 원을 떼어낸다면, 그 돈은 어디로 향해야 할까요? 순간의 소비로 사라질 수도 있고, 내일의 씨앗으로 자라날 수도 있습니다. 차이는 거창한 결심이 아니라 자동이체 한 건과 계좌 하나를 여는 작은 행동에서 시작됩니다. 작은 아령을 드는 순간 근육이 반응하듯, 월 5만 원이라는 가벼운 무게라도 일단 들기 시작하는 순간 당신의 부자 근육도 성장하기 시작합니다. 그리고 어느 날, 숫자는 여전히 작아 보여도 구조가 완전히 달라졌음을 깨닫게 될 것입니다. 그때 돈은 더 이상 '사라지는 것'이 아니라 당신의 꿈을 향해 '자라나는 것'이 되어 있을 것입니다.

쓰기 전에 먼저 투자하는 사람들의 법칙

돈을 모으는 데 있어 가장 큰 차이를 만드는 것은 바로 '순서'입니다. 어떤 사람은 월급이 들어오면 먼저 카드 대금과 생활비로 대부분을 쓰고, 남으면 저축합니다. 또 어떤 사람은 월급이 들어오자마자 저축과 투자를 떼어놓고, 남은 돈으로 자신의 생활을 맞춥니다. 겉보기에는 별 차이가 없어 보이지만, 이 작은 순서의 차이가 1년, 5년, 10년 뒤 삶의 무게중심을 완전히 갈라놓습니다. 오늘의 소비가 먼저냐, 내일의 꿈이 먼저냐. 그 선택이 결국 미래의 모습을 결정짓습니다.

저는 이 단순한 사실을 깨달은 순간, 돈 관리의 관점이 완전히 바뀌었습니다. 그리고 이 원칙은 이미 많은 부자들이 증명해 온 삶의 법칙이기도 합니다. 로버트 기요사키의 『부자 아빠 가난한 아빠』에는 이런 문장이 나옵니다.

"부자들은 먼저 자신에게 지불한다."

부자와 그렇지 못한 사람을 가르는 결정적 차이는 바로 이 순서에 있습니다. 세금, 생활비, 소비에 다 쓰고 남은 돈을 저축하는 것이 아니라 가장 먼저 저축과 투자를 떼어놓고 남은 돈으로 생활을 꾸려가는 것. 그것이 부자의 사고방식이고, 시간이 지날수록 엄청난 격차를 만들어냅니다.

저 역시 2년여 전부터 같은 방식을 삶에 적용했습니다. 월급이 들어오는 날, 소비 계획보다 먼저 투자가 실행되도록 자동이체를 걸어놓았습니다. 이렇게 구조를 세워놓으니 더 이상 의지와 씨름하지 않아도 되었습니다. 남는 돈으로 투자하는 것이 아니라 투자하고 남는 돈으로 생활하는 구조가 자리 잡기 시작했습니다. 이 단순한 순서의 전환이 돈의 흐름을 바꾸고, 제 마음가짐까지도 바꾸었습니다.

처음에는 빠듯하게 느껴졌습니다. '이걸로 한 달을 어떻게 살지?'라는 걱정이 앞섰습니다. 하지만 놀랍게도 사람은 주어진 한계 안에서 살아가는 법을 금세 배웁니다. 돈이 한정되어 있다는 사실이 충동적인 소비를 막아 주었고, 꼭 필요하지 않은 지출을 걸러내는 기준이 되어 주었습니다.

그 과정에서 저는 한 가지 중요한 감각을 얻었습니다. "나는 의미 없는 소비보다 내 꿈을 먼저 선택한다." 이 확신이 삶을 지탱해 주었습니다. 반복된 선택은 습관이 되었고, 습관은 결국 삶의 궤도를 바꾸어 놓았습니다.

금액은 많지 않아도 괜찮습니다. 월급의 5%든, 10%든, 혹은 5만 원이라도 상관없습니다. 중요한 것은 그 돈이 '먼저' 빠져나가도록 구조를 세우는 것입니다. 남으면 저축하는 사람과 먼저 떼어 두는 사람의 미래는 결코 같을 수 없습니다. 오늘 투자해 둔 돈은 내일의 자유와 가능성으로 돌아옵니다.

저 역시 이 원칙을 꾸준히 지켜오면서 마음의 평안이 달라졌습니다. 과거에는 월급이 통장을 스쳐 지나가는 듯 사라지는 것이 늘 불안했습니다. 그러나 지금은 월급이 각 계좌로 흘러가며 조금씩 성장하는 모습을 보면서 안도감을 느낍니다. 월급 통장은 비어 있지만, 꿈을 위한 목적계좌는 꾸준히 차오르며 성장하고 있습니다. 예전에는 '돈이 사라진다.'라는 감각이 전부였다면, 지금은 '돈이 자라고 있다.'라는 확신을 매달 확인할 수 있습니다.

"먼저 투자하고, 나중에 소비한다." 이 단순한 법칙은 부자가 되는 출발점이자, 꿈을 현실로 바꾸는 가장 구체적인 방법입니다. 기요사키의 말처럼, 먼저 자신에게 지불하는 습관을 들이는 순간, 당신은 단순히 돈을 쌓는 사람이 아니라 미래를 스스로 설계하는 사람이 됩니다. 당신이 꿈꾸는 미래는 단 하루에 완성되지 않습니다.

그러나 매달 단 한 번, 소비보다 꿈을 먼저 선택하는 습관이 쌓이면, 그것이 10년 후의 삶을 완전히 바꿔놓을 수 있습니다. 오늘의 소비는 내일이면 잊혀 지지만, 오늘 투자해 둔 금액은 내일의 자유와 가능성으로 반드시 돌아옵니다. 이를 위해 거창한 기술이나 특별한 재능은 필요하지 않습니다. 단 하나의 원칙, "소비보다 꿈을 먼저 선택한다." 이 원칙을 지켜내는 작은 실천이야말로 삶을 바꾸는 가장 강력한 힘입니다.

월급 250만 원으로 빠르게 1,000만 원 만드는 실행 로드맵

앞에서 월 5만 원의 적금 풍차 돌리기를 통해 저축 습관을 들이고, 적은 돈이 끊이지 않게 모이는 구조를 이야기했습니다. 그 과정은 분명 의미가 있습니다. 돈을 지키는 힘은 의지가 아니라 구조에서 나온다는 사실을 몸으로 배웠고, 적은 금액이라도 꾸준히 모을 수 있다는 확신을 얻었기 때문입니다. 그러나 지금의 저라면, 같은 풍차 원리를 적금이 아니라 주식에 적용했을 것입니다. 적금은 습관을 만들고 끊이지 않는 구조를 다지는 데는 탁월했지만, 자산을 불리는 속도에서는 분명 한계가 있었기 때문입니다.

주식 풍차 돌리기는 적금 풍차의 원리를 그대로 가져와 투자에 적용한 방식입니다. 매달 일정 금액을 매수하면서 새로운 종목을 하나씩 늘려가는 방법인데, 이때 적합한 수단이 바로 ETF(상장지수펀드)입니다. ETF는 여러 기업이나 자산에 분산해서 투자할 수 있어서 개별 종목을 직접 고르는 위험을 줄여 주고, 장기적으로 안정적이면서도 은행 예 · 적금보다 훨씬 높은 수익률을 기대할 수 있습니다. 그렇기에 초보자도 쉽게 접근이 가능하고, 꾸준히 모으는 습관을 통해 자산 성장으로 연결될 수 있는 유용한 도구입니다.

예시는 월급 250만 원 중 매달 20만 원씩 늘려가는 방식으로, 6개월 차에는 총 120만 원을 매수한다고 가정해 보겠습니다.

1~6개월 차 실행 계획

- 1개월 차 (20만 원) : S&P500 ETF 매수(미국 대표 500대 기업 분산투자)
- 2개월 차 (40만 원) : S&P500 ETF + 코스피200 ETF(국내 대표 기업 분산투자)
- 3개월 차 (60만 원) : 위 두 종목 + 나스닥100 ETF(글로벌 성장주 집중 투자)
- 4개월 차 (80만 원) : 기존 세 종목 + 배당주 ETF(안정적 현금흐름 확보)
- 5개월 차 (100만 원) : 기존 네 종목 + 글로벌 헬스케어 ETF(테마

분산, 장기 성장 산업)

- 6개월 차 (120만 원) : 기존 다섯 종목 + 금 ETF(안전자산, 인플레이션/환율 헤지hedge)

주식 풍차 돌리기의 핵심은 단순합니다.

첫 달에는 단일 종목인 S&P500 ETF로 시작합니다. 미국 500대 기업에 분산 투자하는 대표지수이기에 안정성이 높고, 장기적으로 꾸준한 성장성을 보여 왔습니다.

둘째 달에는 여기에 코스피200 ETF를 더해 국내 대표 기업에도 자본을 배분합니다. 글로벌 시장과 국내 시장을 동시에 담으며 균형을 맞출 수 있습니다.

셋째 달에는 나스닥100 ETF를 추가해 기술주와 성장주의 힘을 포트폴리오에 불어넣습니다.

넷째 달에는 배당 ETF를 더해 안정적인 현금흐름을 확보하고, 다섯째 달에는 글로벌 헬스케어 ETF를 추가해 전 세계적으로 꾸준히 성장할 수밖에 없는 필수 산업에 투자합니다.

마지막 여섯째 달에는 금 ETF를 추가합니다. 금은 안전자산으로서 인플레이션과 환율 변동에 대응할 수 있고, 주식 시장이 흔들릴 때도 안정성을 확보할 수 있습니다.

이렇게 매달 투자 종목을 하나씩 늘려가다 보면, 6개월 차에는 이미 여섯 개의 ETF로 구성된 분산 포트폴리오가 완성됩니다. 첫 달 20만 원으로 시작한 매수 금액은 6개월 후 120만 원까지 늘어나고, 누적 매수 금액은 약 420만 원에 이릅니다. 이후부터는 종목을 더 늘릴 필요가 없습니다. 기존 ETF들에 균등하게 120만 원씩 자동 적립을 이어가는 것만으로도 충분히 구조가 작동하기 시작합니다.

단순히 금액만 보면, 처음부터 적금으로 매달 120만 원씩 9개월을 넣어도 1,000만 원을 만들 수 있습니다. 그러나 적금과 ETF 풍차 돌리기의 결정적 차이는 돈의 '성격'입니다. 적금은 단순히 모으는 것에서 끝납니다. 요즘 은행 금리는 연 2~3% 수준에 그쳐 물가 상승률조차 따라가기 어렵습니다. 반면 ETF는 같은 돈을 '모으는 동시에 불리는' 역할을 합니다. 평균 연 7% 안팎의 수익률만 가정해도, 같은 1,000만 원을 더 빨리 만들어낼 수 있습니다.

또 하나의 차이는 습관 형성 방식입니다. 적금은 처음부터 큰 금액을 고정해야 하기에 생활비 압박이 심해지고, 중도 해지 위험이 큽니다. 반대로 주식 풍차는 20만 원에서 시작해 점차 늘려가기 때문에 부담이 적습니다. 한 달 한 달 자연스럽게 적응하면서 투자 근육을 기를 수 있고, 이 과정에서 지출을 조율하는 힘도 함께 길러집니다.

마지막으로, ETF 풍차는 다양한 자산 군에 분산 투자할 수 있다는 장점이 있습니다. 미국 대형주, 국내 대표 기업, 성장주, 배당주, 헬스 케어, 금까지 균형 있게 포트폴리오를 구성하면, 시장의 변동에도 흔들림 없이 자산을 키워갈 수 있습니다. 1,000만 원을 단순히 모을 것인가, 아니면 모으면서 동시에 불릴 것인가. 적금은 습관을 만드는 단계에서는 유용했지만, 자산을 적극적으로 성장시켜야 하는 단계에서는ETF 풍차가 훨씬 더 합리적이고 강력한 방법입니다.

지금까지는 흩어지던 돈을 구조 속에 가두고, 씨앗 자본을 마련하는 방법을 살펴보았습니다. 이제 기초 체력이 충분히 갖춰졌습니다. 3장에서는 이렇게 모은 씨앗 자본을 실제 투자로 연결해, 소액으로도 어떻게 성장의 속도를 높일 수 있는지 구체적인 방법을 함께 알아보겠습니다. 모으는 단계를 넘어, 불리는 단계로 나아가야 할 순간입니다.

PART 3

시공 단계

초보도 가능한 소액 자동투자 시스템

집을 지을 때 설계도가 완성되고 토대 공사가 끝나면, 이제는 본격적으로 골조를 세우고, 공간의 형태를 만들어 가는 시공 단계에 들어갑니다. 눈에 보이지 않던 밑 작업이 끝나고 나면, 비로소 건물의 형태가 드러나기 시작하는 것이죠.

부의 여정도 이와 같습니다. 1장에서 우리는 생각의 틀을 새로 세웠습니다. 투자에 대한 낡은 관념을 내려놓고, 부를 향한 마인드를 다시 설계했습니다. 2장에서는 흩어지던 돈을 붙잡아 씨앗 자본을 만드는 토대를 마련했습니다. 이제 그 씨앗을 어디에 심을지, 어떻게 키워낼지를 결정할 차례입니다. 바로 돈이 스스로 일하는 구조를 만드는 단계입니다.

예전엔 돈을 일의 결과로만 여겼습니다. 내가 일하지 않으면 생기지 않는 것처럼, 단순히 주고받는 수단이라고 생각했습니다. 하지만 시간이 지나면서 알게 되었습니다. 돈은 꼭 내가 일할 때만 벌 수 있는 것이 아니었습니다. 제대로 된 구조 안에 두면, 돈은 어느 순간 스스로 움직이기 시작합니다.

사실, 투자는 복잡하지 않습니다. 소액이라도 계좌를 열고 자동이체 한 번만 걸어 두면, 그 순간부터 돈은 당신 대신 움직이기 시작합니다. 처음엔 만 원, 오천 원, 심지어 천 원이라도 괜찮습니다. 중요한 것은 금액이 아니라 지금 시작하는 행동입니다. 시장의 흐름을 직접 겪어본 사람만이 돈이 일한다는 의미를 이해하게 됩니다. 적은 금액으로 ETF를 사보고, 금이나 달러에 분산투자를 해보면서 구조를 만들어 놓으면, 그 자체가 학습이자 성장의 과정이 됩니다. 나중에 더 큰 돈을 다루게 될 때도 두려움 대신 확신을 가질 수 있는 힘이 길러집니다.

그리고 이 모든 과정은 자동화할 수 있습니다. 월급날마다 자동이체로 흘러가도록 구조만 세워 두면, 의지와 감정의 영향을 받지 않고 꾸준히 투자를 이어갈 수 있습니다. 나 대신 돈이 일하는 시스템을 만드는 것, 그것이 바로 이 장의 핵심입니다.

3장은 그 시스템을 구체적으로 완성하는 단계입니다. ETF 적립식 투자로 분산과 자동화를 동시에 이루고, 주식 소수점 투자로 단돈 천 원부터 시작하는 법을 다룹니다. 규모가 크지 않아도 시작할 수 있는 부동산 소액투자 방법, 세금 혜택을 활용할 수 있는 연금저축 · ISA · IRP 계좌의 활용 전략도 함께 살펴봅니다. 또한 금, 비트코인, 달러와 같은 자산에도 소액으로 접근하는 방법을 소개합니다. 무엇보다 이 모든 과정을 자동화하여, 내가 손을 떼고도 돈이 자라는 구조를 완성하는 길을 안내할 것입니다.

결국 우리 앞에 남는 질문은 단순합니다.

"나는 평생 돈을 위해 일할 것인가, 아니면 지금부터 돈이 나를 위해 일하게 할 것인가."

이제 선택은 당신의 몫입니다. 씨앗 자본을 그냥 두고 묵히느냐, 아니면 올바른 땅에 심어 키워내느냐. 이 장은 그 선택을 행동으로 옮기기 위한 실질적인 지침이 될 것입니다.

중요한 것은 거대한 도약이 아닙니다. 계좌개설, 자동이체 같은 사소한 움직임이 결국 당신의 미래를 바꾸는 첫 삽이 됩니다. 내일이 아닌 오늘의 결단, 그 작고 단순한 행동이 쌓여 시간이 지나면 당신의 삶을 전혀 다른 무대 위에 올려놓을 것입니다. 이제 함께, 모으는 단계를 넘어 불리는 단계로 나아갑시다. 돈이 일하고, 나는 꿈꾸는 삶을 향해.

ETF 적립식 투자로 분산과 자동화 동시 달성

투자를 시작하려고 마음먹었을 때, 가장 먼저 부딪히는 벽이 있었습니다. “도대체 무엇을, 언제, 얼마나 사야 하지?”라는 질문이었죠. 수없이 많은 종목과 쏟아지는 정보들 속에서 정작 어느 것도 선택하지 못했습니다. 증권사 계좌를 개설하고도 어디에, 어떻게 씨앗을 심어야 할지 몰라 아무것도 사지 못한 채 시간을 흘려보냈습니다. 괜찮은 종목과 타이밍을 고민하다가, 오히려 한 발짝도 내딛지 못했던 겁니다.

그러다 처음 시도했던 것은 전문가가 추천하는 개별 종목을 담아 보는 것이었습니다. 운이 좋게 수익을 보기도 했지만, 한 번 매도 타이밍을 놓치자, 주가가 급락해 손실을 감당해야 하기도 했습니다. 확신 없이 선택한 종목은 마음을 늘 불안하게 만들었고, 매일 시세를 들여다 보며 일희일비하는 투자는 오래갈 수 없었습니다. 그러다 알게 된 것이 바로 ETF(상장지수펀드)였습니다. 처음에는 ‘여러 주식을 한 바구니에 담은 상품’ 정도로만 이해했지만, 곧 깨달았습니다. ETF는 초보자가 복잡한 선택의 덫에서 벗어나, 비교적 안전하게 시장에 발을 디딜 수 있는 하나의 길이라는 것을요.

ETF를 알게 되었을 때 가장 놀라웠던 건, 복잡해 보이던 투자가 단숨에 단순해졌다는 점이었습니다. ETF는 ‘상장지수펀드’라는 이름 그대로, 특정 지수나 자산 군 전체의 움직임을 따라가도록 설계된 투자 상품입니다. 투자자는 개별 회사를 일일이 고르지 않아도 됩니다. ETF라는 바구니 하나를 사면 그 안에 수십, 수백 개의 기업이 담겨 있습니다. 여기에는 주식시장 전체의 성과를 추종하는 ETF가 있고, 특정 산업의 흐름을 반영하는 섹터 ETF도 있으며, 배당을 꾸준히 지급하는 기업들만 모은 배당 ETF나 금 · 원자재와 같은 안전자산을 추종하는 ETF도 있습니다. 주식, 채권, 원자재, 해외지수까지 거의 모든 자산 군이 ETF라는 구조로 연결되어 있어, 초보자도 단 하나의 상품으로 분산투자를 시작할 수 있습니다.

ETF 적립식 투자의 힘은 크게 두 가지에서 나옵니다.

첫째, 분산 효과입니다. 개별 회사를 고르는 대신 수십, 수백 개 기업에 동시에 투자하기 때문에 특정 기업의 실패가 전체에 큰 타격을 주지 않습니다.

둘째, 자동화의 힘입니다. 매달 일정 금액을 자동이체로 흘려보내면, 가격이 높을 때는 적게 사고, 낮을 때는 더 많이 사면서 장기적으로 매입 단가가 평균화됩니다. 이를 달러 코스트 에버리징Dollar-Cost Averaging이라고 부릅니다.

낯선 영어 표현으로 인해 복잡해 보이지만, 원리는 단순합니다. 시장 가격이 내려가면 같은 돈으로 더 많은 ETF를 사고, 가격이 오르면 적게 사게 됩니다. 이 과정을 꾸준히 반복하면 '언제 샀는지'와 상관없이 평균 매입가가 안정적으로 형성됩니다.

이런 방식을 꾸준히 이어가면서 돈을 바라보는 감각도 변했습니니다. 월급이 들어오자마자 일정 금액이 자동으로 투자 계좌로 빠져나가며 각자의 자리를 찾아가는 모습을 보면서, 돈이 단순히 소비로 흘러 사라지는 게 아니라 나를 위해 일하는 자산으로 전환되고 있다는 확신을 얻었습니다. 어느 날 소액의 배당금이 입금되었다는 알림을 처음 받게 됐을 때, 비록 적은 금액이었지만 "나 대신 돈이 일하고 있구나."라는 느낌을 처음으로 체감했습니다. 그 깨달음은 노동만으로 돈을 번다는 낡은 관념을 흔들어 놓기에 충분했습니다.

숫자로 비교해 보면 차이는 더 분명합니다. 매달 10만 원을 10년간 단순 적금(연 3% 가정)에 넣으면, 총 1,200만 원이 쌓이고, 이자를 합쳐도 약 1,350만 원에 불과합니다. 하지만 같은 금액을 S&P500 ETF에 연평균 7% 수익률로 적립식 투자를 한다면, 10년 뒤에는 약 1,700만 원이 됩니다. 무려 350만 원의 차이가 벌어집니다. 매달 30만 원으로 금액을 늘리면 적금은 약 4,000만 원 수준이지만, ETF 적립식은 5,000만 원 이상으로 성장합니다. 결국 같은 돈을 쓰더라도 모으기만 하느냐, 불려 가느냐에 따라 미래는 완전히 달라질 수 있습니다.

여기서 또 하나의 비교를 해보겠습니다. 한 번에 100만 원을 투자한 사람과, 매달 10만 원씩 10개월 동안 나누어 투자한 사람 중 누가 더 유리할까요? 단기적으로는 시점에 따라 결과가 다를 수 있습니다. 하지만 장기적으로는 후자가 더 안정적입니다. 시장이 흔들릴 때마다 적립식이 평균 매입가를 낮춰 주기 때문입니다. 바로 이것이 달러 코스트 에버리징의 진짜 힘입니다.

물론 ETF도 주식 시장에 속한 만큼 단기 변동성을 피할 수는 없습니다. 어떤 해에는 −20% 이상을 기록하기도 하고, 또 다른 해에는 +50% 이상을 기록하기도 합니다. 하지만 S&P500 지수는 큰 위기국면을 지나면서도 장기적으로 우상향해 왔습니다. 중요한 것은 단기 등락이 아니라 시간을 견디는 힘입니다. 그리고 그 시간을 버티게 해 주는 것은 결국 자동화된 시스템입니다.

여기서 반드시 챙겨야 할 디테일도 있습니다. 같은 지수를 추종하는 ETF라도 운용보수는 서로 다릅니다. 연 0.03%와 0.09%의 차이는 단기적으로는 미미해 보이지만, 장기적으로는 이 미세한 차이가 쌓여 수익률에 큰 영향을 미칩니다. 그렇기에 장기투자자는 보수가 낮은 ETF를 고르는 것이 유리합니다.

또 한 가지 중요한 요소는 세제 혜택 계좌 활용입니다. 같은 ETF라도 일반 계좌에서 거래하면 배당소득세나 양도세가 붙지만, 연금저축 · ISA · IRP 계좌에서 매수하면 세금을 이연하거나 절감할 수 있습니다. 특히, 연금저축과 IRP는 세액공제를 통해 납입 단계에서부터 혜택을 누릴 수 있고, ISA는 일정 한도까지 비과세 혜택을 줍니다.

작은 차이처럼 보이지만, 시간이 지날수록 투자 성과를 갈라놓는 요인이 됩니다. 배당 재투자도 꼭 챙겨야 할 전략입니다. 배당금을 생활비로 쓰면 그 순간 사라지지만, 다시 ETF를 매수하는 데 활용하면 복리 효과가 더욱 불어납니다. 소액 배당이 모여 자본 자체를 키워 주고, 장기적으론 안정적인 자산 성장으로 이어집니다.

돌이켜보면, 계좌만 열어 두고 망설이던 시간이 가장 아쉽습니다. 그러나 동시에 지금이라도 시작했기에 얻은 확신도 있습니다. 투자는 완벽한 지식을 갖춘 뒤, 큰돈이 모인 뒤에 시작하는 일이 아닙니다. 지금 손에 쥔 적은 금액이라도 구조 속에 흘려보내는 순간, 돈은 즉시 일하기 시작합니다. 계좌 속 ETF는 단순한 숫자가 아니라 미래의 나를 지탱할 벽돌이자, 꿈을 떠받칠 기둥입니다.

언젠가 더 큰 자본을 다루게 될 당신은, 지금의 이 작은 적립 덕분에 두려움 없이, 흔들림 없이 꿈을 향해 나아갈 수 있을 것입니다. 지금이 바로 그 첫 벽돌을 올려놓을 시간입니다. 돈이 흘러가는 방향이 곧 당신의 꿈이 세워지는 방향이 될 것입니다.

주식 소수점 투자, 1,000원부터 시작하기

어느 날, 광고를 보다가 이런 문구가 귀에 들어왔습니다.

"1,000원으로도 해외 주식의 주주가 될 수 있다."

예전 같았으면 그냥 흘려들었을 말이었지만, 투자를 고민하던 시점이었기에 그 말은 이상하게 크게 다가왔습니다. 관심이 없을 땐 들리지도, 보이지도 않던 것들이 그때부터 귀에 들리고, 눈에 들어오기 시작했습니다. 그렇게 저는 광고에서 언급한 소수점 매매 앱을 설치했고, 소액으로도 세계적인 기업의 주주가 될 수 있는 길을 열었습니다.

처음엔 테슬라, 엔비디아, 애플, 마이크로소프트, 구글, 아마존 같은 세계 시가총액 상위 기업 10종목에 매일 1,000원씩 투자했습니다. 액수는 작았지만, 세계적인 기업의 주식을 제 계좌에 보유하고 있다는 사실만으로도 든든함이 생겼습니다. 그동안 단순히 소비자로만 바라보던 회사들이 이제는 아주 작은 비율이라도 나와 연결되어 있다는 감각이 생긴 것입니다.

그리고 시간이 지나 투자 금액이 조금씩 늘어날수록 그 든든함은 단순한 감정이 아니라 구체적인 동기부여가 되었습니다. 무심코 쓰던 작은 지출들도 '이 돈으로 주식을 1,000원이라도 더 살 수 있겠구나.'라는 생각으로 바뀌었습니다. 소비 대신 투자를 선택하는 힘이 점점 커지면서, 일상의 작은 선택 하나가 미래의 자산을 만드는 발판이 된다는 사실을 몸으로 느낄 수 있었습니다.

그렇게 시작한 투자는 점차 확장되었습니다. 처음에는 매일 하루 1만 원 남짓이던 투자금이, 종목과 금액을 늘려가면서 지금은 국내외를 합쳐 약 30종목에 매일 5만 원씩 자동투자로 이어지고 있습니다. 어떤 종목은 1,000원, 어떤 종목은 5,000원씩 배분하며 시장 상황에 맞춰 조정합니다. 이렇게 나누어 담다 보니, 제 계좌는 하나의 작은 펀드처럼 움직이게 되었습니다. 해외 주식은 평균 45%, 국내 주식은 평균 135%의 수익률을 기록하고 있으며, 일부 종목은 300%를 훌쩍 넘는 수익률을 보이기도 합니다. 무엇보다 중요한 것은 작은 돈도 꾸준히 구조 속에서 흘러가면 크게 성장할 수 있다는 사실을 눈으로 확인했다는 점입니다.

소수점 매매의 가장 큰 장점은 누구나 작은 돈으로도 세계적인 기업의 주주가 될 수 있다는 점입니다. 과거에는 한 주 가격이 수십만 원에서 수백만 원에 이르는 테슬라나 구글 같은 기업을 사려면 큰돈이 필요했지만, 이제는 단돈 1,000원으로도 같은 경험을 할 수 있습니다. 또한 증권사 앱을 통해 자동 매수를 월 1회, 주 1회, 매일 중에서 선택할 수 있는데, 저는 매일 매수하는 방식을 택했습니다. 부담 없는 금액으로 매일 꾸준히 투자하니 시장이 오르내려도 마음이 크게 흔들리지 않았습니다.

제가 투자한 종목들을 이해하기 쉽게 성격별로 구분해 보면 다음과 같습니다.

■ **이은경의 소액 투자 포트폴리오**

구분	종목	특징 및 의미
① 한국 대표 산업주	한화에어로스페이스, HD현대중공업, 삼성전자, 현대로템, 삼성바이오로직스	방산, 조선, 반도체, 바이오 등 한국 경제의 핵심 산업

② 글로벌 기술주	엔비디아, 애플, 마이크로소프트, 아마존, 구글(알파벳), 메타플랫폼스, 브로드컴, 팔란티어	AI·반도체·플랫폼 등 세계 경제를 이끄는 기술 기업
③ 안정형 소비·생활 기업	코카콜라, 스타벅스	경기 변동에도 꾸준히 소비되는 생활 필수 기업
④ 글로벌 헬스케어·보험	존슨앤드존슨, 유나이티드헬스 그룹	불황에도 수요가 꾸준한 건강·의료 분야
⑤ 항공·우주 관련 기업	GE에어로스페이스, 한화에어로스페이스	미래 성장성이 큰 항공·우주 산업
⑥ ETF와 대체자산	SPDR S&P500 ETF, 인베스코 QQQ ETF, 슈왑 미국 배당주 ETF(SCHD), PROSHARES BITCOIN ETF	지수 추종, 배당, 디지털 자산까지 분산투자

이렇게 다양한 종목으로 나누어 투자하니, 한두 종목의 하락에도 마음이 불안하지 않았습니다. 오히려 다른 종목들이 균형을 잡아 주며 계좌 전체는 안정적인 흐름을 이어갔습니다. 시간이 흐를수록 계좌 속 종목들이 하나둘 수익권으로 들어서는 모습을 보면서 주식은 단기적으로 출렁여도 장기적으로는 결국 우상향한다는 사실을 직접 확인할 수 있었습니다. 초반의 불안정했던 종목들도 꾸준히 보유하면서 결국 상승 흐름을 타며 전체 성과를 끌어올려 주었습니다.

여기에 더해 해외 주식투자에서 반드시 알아야 할 것이 있습니다. 바로 세금입니다. 처음엔 복잡해 보이지만, 핵심만 알면 단순합니다.

첫째, 연간 250만 원까지는 세금이 없습니다. 예를 들어 300만 원의 이익을 얻었다면, 250만 원까지는 비과세이고 나머지 50만 원에 대해서만 22%(지방세 포함)가 부과됩니다. 즉 11만 원만 내면 되는 것이죠. 이 제도를 활용하면 연말에 수익이 250만 원에 도달했을 때 일부를 매도해 세금 부담을 피할 수도 있습니다. 저 역시 매년 이렇게 전략을 세웁니다.

둘째, 환율입니다. 해외 주식은 달러로 거래하지만, 세금은 원화 기준으로 계산됩니다. 같은 달러 수익이라도 환율에 따라 세금이 달라집니다. 예를 들어 테슬라 주식에서 2,500달러의 이익을 얻었다고 가정합시다. 환율이 1,300원일 때는 325만 원으로 계산되어 75만 원에 대해 세금(약 16만 5천 원)이 붙지만, 환율이 1,400원이면 350만 원으로 계산되어 100만 원에 대해 세금(약 22만 원)이 붙습니다. 같은 수익인데 환율 때문에 세금이 5만 원 이상 차이 나는 것이죠. 해외 주식에서는 주가뿐 아니라 환율도 반드시 함께 살펴야 하는 이유입니다.

셋째, 배당금입니다. 해외 기업에서 배당금을 받을 경우, 현지에서 15%가 원천징수된 뒤 우리 계좌로 들어옵니다. 예를 들어 100달러를 받으면 85달러만 실제로 입금됩니다. 대부분의 개인 투자자에게는 여기서 과세가 끝나지만, 연간 이자 · 배당 소득이 2천만 원을 넘는 경우 다른 소득과 합산해 추가 과세가 될 수 있습니다.

넷째, 신고입니다. 국내 주식은 증권사가 자동으로 세금을 처리해 주지만, 해외 주식은 다릅니다. 투자자가 매년 5월 종합소득세 신고 기간에 직접 홈택스로 신고·납부해야 합니다. 이 과정을 놓치면 가산세가 붙을 수 있으니 반드시 챙겨야 합니다.

돌이켜보면 소수점 투자는 단순히 돈을 불리는 방법이 아니었습니다. 그것은 저 자신을 단련하는 훈련이었고, 돈을 대하는 태도를 바꾸는 과정이었습니다. 하루 1,000원을 소비 대신 투자로 바꾼 선택은 단순한 절약이 아니라 미래의 나에게 기회를 선물하는 행위였습니다. 큰돈이 모일 때까지 기다리다 아무것도 하지 못하는 것보다, 지금 당장 작은 돈을 구조 속에 흘려보내는 습관이 훨씬 더 큰 가치를 만들어 준다는 것을 알게 된 것입니다.

결국 투자는 큰돈을 가진 사람들이나 전문가만의 이야기가 아닙니다. 하루 1,000원이라는 아주 작은 시도로 누구나 쉽게 시작할 수 있습니다. 중요한 것은 거창한 준비가 아니라 첫 버튼을 누르는 용기입니다. 그 작은 버튼 하나가 내 돈을 새로운 흐름 속에 넣고, 시간이 지나면서 자산이 자라나는 길을 열어 주는 겁니다.

지금 당신 손에 쥔 1,000원은 그냥 무심코 흘려보낼 지출일 수도 있습니다. 그러나 그 1,000원이 오늘부터 투자로 전환된다면, 내일은 당신의 계좌 속에서 전혀 다른 의미로 다가올 것입니다. 투자는 기다림에서 시작되는 게 아니라 지금 당장 작은 실천에서 시작됩니다. 완벽한 때는 오지 않습니다. 지금, 이 순간이 바로 미래의 자산을 위한 첫 벽돌을 놓을 수 있는 시간입니다.

부동산, 작은 돈으로도 시작할 수 있는 또 하나의 투자

부동산이라는 단어는 언제 들어도 나와는 관계없는 무거운 투자로 느껴지기 쉽습니다. 집 한 채, 오피스 한 칸, 상가 한 동. 건물 한 채! 듣기만 해도 수억, 수십억 원대의 숫자가 떠오르고, 왠지 나와는 먼 이야기처럼 느껴지죠. 그 말 안에는 '꿈'과 '부담'이 함께 들어 있으니까요. 저에게도 그런 시절이 있었습니다. 엄마와 함께 지낼 작은 방이라도 있었으면 좋겠다고 바라던 때. 그래서 제게 부동산은 단순한 투자 수단이 아니라 삶을 지탱하는 최소한의 기반이자, 의식주 중 가장 현실적인 과제였습니다. 누구에게나 꼭 필요하지만, 동시에 가장 부담이 큰 영역입니다.

집 한 채를 마련하려면 목돈이 필요하고, 대출이 뒤따르며, 취득 · 보유 · 양도 단계마다 세금과 각종 비용이 붙습니다. 살기 위해 꼭 필요한 공간이 동시에 빚과 책임의 상징이 되는 아이러니 속에서, 많은 사람이 부동산을 필요로 하지만 투자 금액이 크다 보니 부담스러운 영역으로 느끼게 됩니다.

저 역시 살고 있던 집을 매도하고 언니와 함께 지내는 선택을 하지 않았다면 지식산업센터에 투자하지 못했을 겁니다. 지금은 지식산업센터 두 채를 소유하면서 부동산의 장점과 한계를 동시에 느끼고 있는 중입니다. 임대 맞추기 힘들었던 경험과 임차인의 월세 납입을 점검하고, 세금 신고 등 신경 써야 할 일들이 적지 않았습니다. 무엇보다 크게 다가온 건 유동성의 제약입니다. 급히 자금이 필요해도 주식처럼 클릭 한 번으로 현금화되지 않는다는 점이 제겐 가장 큰 단점으로 다가왔습니다. 매도에는 시간이 걸리고, 시장 상황에 따라 원하는 가격에 정리하지 못할 수도 있습니다.

지식산업센터에 투자한 이후에야 저는 점차 주식을 알아갔습니다. 그러면서 부동산처럼 큰돈이 묶이지 않는다는 점이 가장 큰 장점으로 다가왔습니다.

지금의 제 성향은 명확합니다. 언젠가 '똘똘한 한 채'로 자산을 바꾸어 오래 보유하는 건 괜찮지만, 돈을 불려 나가는 과정에서는 현금이 과도하게 묶이는 선택을 피하자는 것이 저의 원칙이 되었습니다.

그렇다고 부동산 자체를 멀리하라는 뜻은 아닙니다. 리츠(REITs, 부동산투자회사)라는 방법이 있기 때문입니다. 리츠는 여러 사람의 돈을 모아 큰 건물이나 부동산을 대신 사 주는 회사입니다. 예를 들어 오피스, 물류센터, 쇼핑몰, 아파트 단지 등을 사서 임대하고, 그 임대료나 매각 수익을 투자자들에게 나누어 주는 구조죠. 쉽게 말하면, 건물을 통째로 사는 대신 건물의 일부를 조각처럼 나누어 투자하는 것입니다. 그래서 목돈이 없어도 건물주가 벌어들이는 임대수익을 함께 나눌 수 있습니다. 이 리츠는 주식처럼 증권사 앱에서 사고팔 수 있습니다. 예를 들어 1만 원, 5만 원만 있어도 투자할 수 있고, 필요할 때 일부만 팔아 현금화도 가능합니다. 부동산처럼 돈이 오랫동안 묶이지 않기 때문에 유동성이 높다는 게 가장 큰 장점입니다.

리츠의 장점은 세 가지로 요약할 수 있습니다.

첫째, 꾸준한 현금 흐름입니다. 리츠는 법적으로 이익의 90% 이상을 투자자에게 배당해야 하기 때문에 대부분의 리츠는 1년에 한두 번, 혹은 분기마다 배당금을 지급합니다. 예금 이자보다 높은 배당금(보통 연 4~6%)을 주는 경우가 많습니다.

둘째, 쉽게 사고팔 수 있다는 점입니다. 일반 부동산은 팔기까지 몇 달에서 몇 년이 걸릴 수도 있지만, 리츠는 주식처럼 클릭 한 번으로 일부만 팔 수 있어 현금화가 쉽습니다.

셋째, 분산투자 효과입니다. 건물 한 채에 전 재산을 묶지 않고, 여러 건물과 지역에 나누어 투자할 수 있습니다. 심지어 여러 리츠를 한 번에 담은 리츠ETF를 이용하면 더 넓게 분산할 수도 있습니다.

물론 단점도 있습니다. 금리가 오르면 리츠의 배당 매력이 떨어져 주가가 하락할 수 있고, 공실이 생기거나 임대료가 낮아지면 배당금이 줄어듭니다. 대출 비율이 높은 리츠는 금리 인상 시 이자 부담이 커질 수도 있습니다. 또한 주식처럼 가격이 움직이기 때문에 단기 변동이 생길 수 있습니다. 세금 역시 배당소득세로 분류되어 15.4%가 원천 징수되며, 연간 금융소득이 2천만 원을 넘는 고액 투자자는 종합과세 대상이 될 수 있습니다.

저는 아직 리츠를 실제로 투자하진 않았습니다만, 지식산업센터를 직접 운영하며 겪었던 공실, 이자 부담, 관리의 복잡함을 떠올리면, 리츠를 미리 알았더라면 훨씬 유연하게 자산을 운용할 수 있었겠다는 생각이 듭니다. 앞으로 자산을 리밸런싱할 때, 현금흐름과 분산을 강화하는 축으로 리츠나 리츠 ETF를 검토하려는 이유도 이 때문입니다.

처음 시작하는 사람이라면, 개별 종목보다는 ETF로 투자 감각을 익히는 것이 좋습니다. ETF는 수많은 기업에 자동으로 분산되어 한 기업의 실적에 크게 흔들리지 않습니다. 매달 일정 금액을 자동이체로 투자하면 시장이 흔들려도 평균 매입가가 안정적으로 형성되며, 장기적으로 꾸준히 성장하는 구조를 만들 수 있습니다. ETF를 통해 시장의 흐름과 투자 감각을 익힌 뒤, 조금 더 안정적인 현금 흐름에 관심이 생긴다면 그때 개별 리츠를 고려해도 늦지 않습니다. 리츠는 빨리 오르는 수익을 노리는 자산이 아니라 시간이 쌓일수록 안정적인 현금 흐름을 만들어 가는 자산입니다. 직접 보유하는 부동산과 리츠의 차이는 결국 현금이 묶이느냐, 흐르느냐의 차이입니다.

건물 한 채를 온전히 들어 올릴 힘이 있다면, 직접 보유도 좋은 선택일 수 있습니다. 하지만 그 과정엔 공실 관리, 세금 부담, 그리고 시간이 함께 묶인다는 단점이 있습니다. 반면 리츠는 여러 사람이 함께 들어 올리는 지렛대의 구조에 가깝습니다. 내 힘이 크지 않아도 구조의 힘을 빌려 시작할 수 있고, 필요할 때 일부만 내려놓을 수도 있습니다. 저는 부동산을 직접 운영하며 돈이 묶이는 구조를 배웠고, 주식을 알게 되며 돈이 흐르는 구조를 배웠습니다. 두 경험이 제게 자산의 균형 감각을 가르쳐 주었습니다.

부동산 투자는 이제 더 이상 먼 이야기가 아닙니다. 지금 가진 돈의 크기와 상관없이, 단 1만 원으로도 부동산의 현금흐름에 참여할 수 있습니다. 중요한 건 시세차익만 바라보는 게 아니라 내 돈이 멈추지 않고 흘러가도록 설계하는 일입니다. 흘러가는 돈은 결국 자라게 됩니다. 그리고 그 흐름의 방향을 내가 정할 수 있을 때, 비로소 돈이 일하고 나는 꿈꾸는 삶의 구조가 완성됩니다. 리츠는 그 구조의 시작점이 되어 줄 수 있습니다. 당장 내 통장에 수억, 수십억 원이 없어도, 단돈 몇 만 원으로 부동산의 세계에 첫발을 내디딜 수 있습니다. 그 작고 단순한 시작이 시간이 지나면 당신의 재정 흐름을 완전히 바꿔놓을지도 모릅니다.

■ 부동산 직접 투자 VS 리츠(REITs) 투자

구분	부동산 직접 투자	리츠(REITs) 투자
초기 자본	수천만~수십억 원	1만 원부터 가능
유동성	낮음 (매매·대출 등 절차 복잡)	높음 (주식처럼 즉시 매도 가능)
관리	직접 관리 (임차·세금·수리)	전문 운용사 관리
수익 구조	임대 수익 + 시세차익	배당 수익 + 시세차익
위험 요인	공실·금리·유동성	금리·부동산 경기 영향
투자 접근성	진입장벽 높음	접근성 높음(모바일로 가능)
세금	취득세·보유세·양도세	배당소득세(15.4%)

연금저축, ISA, IRP 계좌로 세금 절약하며 투자하기

돈을 버는 것보다 돈을 지켜내는 일이 더 어렵습니다. 투자를 시작하면 누구나 "얼마나 벌 수 있을까?"를 먼저 생각합니다. 하지만 시간이 지나면서 이 사실을 깨닫게 됩니다. 같은 수익률이라도 세금을 언제, 얼마나 내느냐에 따라 최종 결과는 달라질 수 있습니다. 투자 금액이 크다면 더더욱 그렇습니다. 그래서 '무엇에 투자할까?'보다 '어떤 구조 안에 담을까?'를 먼저 고민하셔야 합니다.

정부가 제공하는 세제 혜택 계좌인 연금저축, ISA, IRP는 단순한 투자 수단이 아니라 돈이 복리로 불어나는 시간의 그릇입니다. 물을 담을 때 같은 물이라도 멀쩡한 그릇이면 가득 차고, 바닥에 구멍이 나 있으면 새어나가듯, 같은 투자라도 계좌 종류에 따라 남는 돈이 달라집니다.

저는 주식이라는 단어에 거부감이 컸습니다. 운이 좋은 사람만 성공하는 투기처럼 보였고, 성실히 일하고 저축하는 것만이 가장 안전하다고 믿었습니다. 그러던 어느 날, 우연히 유튜브에서 '서대리 TV'라는 채널을 접하게 되었습니다. 그곳에서는 단순한 투자 이야기가 아니라 연금저축과 ETF를 활용해 안정적인 노후 자산을 설계하는 방법을 다루고 있었습니다. 며칠 뒤 저는 곧바로 그가 쓴 책, 『나는 노후에 가난하지 않기로 결심했다』라는 책을 읽기 시작했습니다. 책을 읽는 동안 **세제 혜택을 활용하고, 복리를 작동시키는 시스템을 이해한다면, 투자는 결코 불안정한 도박이 아니라 시간이 자산이 되는 기술이라는 사실을 알게 되었습니다.**

그날 이후, 저는 곧바로 행동에 나섰습니다. 삼성증권 앱을 열어 연금저축 계좌를 만들고, TIGER 미국 S&P500 ETF를 매달 35만 원씩 자동 매수하도록 설정했습니다. 3년이 지난 지금, 납입한 총 1,500만 원은 약 2,500만 원으로 불어났습니다. 일시적인 수익률보다 더 중요한 건 그 구조였습니다. 세금을 내지 않은 채, 그 안에서 복리로 불어날 수 있다는 점이 계좌의 큰 장점이었습니다.

연금저축 계좌의 핵심은 세금을 늦추고 줄이는 구조입니다. 연간 600만 원까지 납입액에 대해 세액공제를 받을 수 있고, IRP와 합산하면 최대 900만 원까지 공제받을 수 있습니다. 총급여 5,500만 원 이하인 근로자는 16.5%, 초과자는 13.2%의 세액공제율이 적용됩니다. 연금 수령 시점에는 3.3~5.5%의 낮은 세율만 부과됩니다. 즉 넣을 때 한 번(세액공제), 굴릴 때 한 번(과세 이연), 받을 때 한 번(저율 과세), 이렇게 세 번의 혜택을 누릴 수 있는 매력적인 절세 상품입니다. 게다가 계좌 안에서 발생하는 수익은 과세되지 않기 때문에, 그 돈까지 다시 투자되어 복리의 효과를 극대화할 수 있습니다.

다만, 연금저축은 수령 요건이 있습니다. 원칙적으로 만 55세 이후, 5년 이상에 걸쳐 연금 형태로 받아야 하며, 조기에 해지하면 기타 소득세 16.5%(지방세 포함) 부과 및 기존 세액공제 받은 금액을 반환해야 합니다.

과거의 저라면 이렇게 오래 묶이는 돈이 불안했을 겁니다. "갑자기 목돈이 필요하면 어떡하지?"라는 걱정이 앞섰을 테니까요. 하지만 지금은 오히려 이 묶임이 꾸준함을 강제하고, 복리의 시간을 만들어 주는 가장 확실한 울타리가 되어 주고 있습니다. 노후 준비는 누구에게나 필요하기에 큰돈이 아닌, 부담 없는 선에서 꾸준히 쌓아가는 시스템을 설계해 놓아야 합니다.

저는 이 구조를 앞으로 30년 이상 유지할 계획입니다. 매달 35만 원씩 30년을 적립하면 원금은 약 1억 2,600만 원입니다. 여기에 연평균 10%의 복리 수익률을 가정하면 이 원금은 약 8억 원으로 성장하게 됩니다. 그리고 노후에 매년 4%씩 인출해서 사용한다고 하면, 원금을 계속 유지한 채 매달 260만 원 내외의 현금 흐름을 만들 수 있습니다. 단순한 저축으로는 결코 도달할 수 없는 복리의 힘이 만들어낸 결과입니다.

연금저축 계좌를 개설하던 날, 저는 ISA(개인종합자산관리계좌)도 함께 개설했습니다. 처음엔 그저 연금저축 계좌를 개설할 때 묶음으로 만들어 두기만 했던 계좌였지만, 시간이 지나 보니 매우 탁월한 선택이었습니다. 그때 만들어 둔 덕분에 지금 이 계좌를 본격적으로 활용하려는 시점에는 이미 3년의 의무보유 기간이 지나 있었고, 매년 이월된 납입 한도 덕분에 한 해 2,000만 원이 아닌, 최대 8,000만 원까지 한 번에 납입할 수도 있는 상황이 됐기 때문입니다.

ISA는 하나의 계좌 안에서 예금, 펀드, ETF, 주식 등을 함께 운용할 수 있는 '통합형 절세 계좌'입니다. 연간 2,000만 원씩, 5년간 최대 1억 원까지 납입할 수 있고, 최소 3년(만기 5년)을 보유해야 합니다. 중도 인출도 가능하지만, 인출한 금액만큼 납입 한도가 줄어듭니다. 가장 큰 장점은 세금이 적고, 손익을 합산할 수 있다는 것입니다. 일반형 계좌는 200만 원(총급여 5,000만 원 이상), 서민형·농어민형(총급여 5,000만 원 이하 또는 농어업 종사자)은 400만 원까지 비과세가 적용됩니다. 비과세 한도를 초과한 금액에 대해서도 9.9%의 낮은 세율로 분리 과세되어, 일반 과세 계좌의 금융소득세(15.4%)보다 훨씬 유리합니다.

여기에 손익 통산 기능이 있어 여러 종목의 수익과 손실을 합산해 세금을 계산합니다. 예를 들어 A 종목에서 100만 원을 벌고, B 종목에서 40만 원을 잃었다면, 실제 과세 대상은 60만 원뿐입니다. 이 구조 덕분에 세금을 절약하면서 손실 리스크도 완화할 수 있습니다.

다만, ISA에서는 해외 주식을 직접 매수할 수 없기 때문에, 국내에 상장된 해외지수 ETF를 활용해야 합니다. 예를 들어 저는 TIGER 미국 S&P500, KODEX 미국 나스닥100, TIGER 미국배당다우존스 ETF를 1:1:1 비율로 구성했습니다. 월급 외에 들어오는 성과급, 명절 보너스, 연말정산 환급액 등 추가 자금은 모두 ISA 계좌를 활용하고 있습니다. 아직 이 계좌를 활용한 지 오래되지 않아 수익률이 크진 않지만, 현재 약 12% 정도의 수익률을 유지하고 있습니다.

또한, ISA 만기 자금을 연금저축이나 IRP로 옮기면, 전환 금액의 10%(연 300만 원 한도)를 추가로 세액공제를 받을 수 있습니다. 즉 ISA에서 한 번, 연금 계좌에서 한 번 더, 두 번의 절세 효과를 누릴 수 있는 겁니다.

마지막으로 IRP(개인형 퇴직연금) 계좌입니다. 이 계좌는 직장인뿐 아니라 누구나 개인적으로 개설해 노후를 준비할 수 있습니다. 세제 혜택 구조는 연금저축 계좌와 동일하며, 운용할 수 있는 상품은 예금, 펀드, 보험, RP, ETF 등으로 구성되어 있지만, 일반 증권 계좌보다 선택 폭이 다소 좁습니다. 노후 자금이라는 본래의 목적에 맞게 설계되어 있기 때문에, 중간에 돈을 꺼낼 수 있는 경우가 제한적입니다. 무주택자의 전세보증금이나 주택 구입, 6개월 이상 장기요양, 파산·개인회생 같은 상황이 아니라면, 원칙적으로 만 55세 이후 연금 형태로 나누어 받아야 합니다. 만기 이전에 해지하면 세액공제로 받았던 금액을 모두 반환해야 하고, 추가 세금도 부과됩니다.

IRP를 운용할 때는 지수형 ETF(예: KODEX 200, TIGER S&P500 등)와 원리금 보장형 상품(예: 예금, RP 등)을 함께 구성하면, 변동성과 안정성을 균형 있게 가져갈 수 있습니다. 이렇게 하면 초보자도 장기적으로 안정적인 수익률을 기대할 수 있습니다.

저는 아직 IRP를 납입하지 않지만, 이 세 가지 절세 계좌를 모두 활용하시고자 하는 분들은 다음과 같은 순서로 시작하시는 것이 좋습니다. 먼저 연금저축 계좌에 연 600만 원까지 납입하고, 남은 300만 원을 IRP 계좌에 추가 납입하면 됩니다. 이렇게 하면 연금저축과 IRP를 합쳐 최대 900만 원까지 세액공제 혜택을 모두 받을 수 있습니다. 그 다음 여유 자금이 있다면 ISA 계좌를 병행해 운용하면 좋습니다.

결국, 세제 혜택 계좌의 본질은 단순히 절세에 있지 않습니다. 이 계좌들은 시간을 내 편으로 만드는 구조를 제공합니다. 일반 계좌에서는 수익이 날 때마다 세금을 내야 하지만, 이 계좌들 안에서는 세금을 뒤로 미루고 그 돈까지 다시 투자할 수 있습니다. 이 작은 구조의 차이가 10년, 20년이 지나면 자산 성장의 속도를 완전히 갈라놓습니다.

완벽한 타이밍은 오지 않습니다. 중요한 것은 계좌를 여는 '지금'입니다. 오늘 계좌를 개설하고, 자동이체를 설정하며, 첫 주문을 넣는 것. 그 작은 행동이 세금을 줄이고, 복리를 키우며, 시간을 내 편으로 만드는 구조의 시작입니다. '얼마나 벌까'보다 '어떻게 지킬까'를 먼저 고민하는 순간, 부의 설계는 이미 절반은 완성입니다. 나머지 절반은 시간이 채워줄 것입니다. 천천히, 그러나 확실하게.

■세 가지 절세 계좌 비교

구분	연금저축	ISA (개인종합자산관리계좌)	IRP (개인형 퇴직연금)
납입 한도	연 1,800만 원 (세액공제 한도 600만 원)	연 2,000만 원 (최대 1억 원 / 5년)	연 1,800만 원 (연금저축과 합산 세액공제 한도 900만 원)
세액공제율 / 비과세 한도	총급여 5,500만 원 이하 16.5%, 초과 13.2%	일반형: 비과세 200만 원 서민·농어민형: 비과세 400만 원 (총급여 5,000만 원 이하) 또는 종합소득 3,800만 원 이하 또는 농어민)	연금저축과 동일
과세 구조	넣을 때 세액공제 운용 중 과세이연 수령 시 저율 과세 (3.3~5.5%)	손익 통산 가능, 비과세 한도 초과분은 9.9% 분리과세	연금저축과 동일
운용 상품	ETF, 펀드, 예금 등	예금, 펀드, ETF, 국내주식(국내 상장 해외지수 ETF 포함)	원리금 보장형 + ETF 등 (선택 폭 제한)
유지 조건	만 55세 이후 5년 이상 연금 수령 시 혜택 유지	최소 3년 이상 보유 (만기 5년) 중도 인출 가능하나 인출 금액만큼 납입 한도 축소	연금저축과 동일 (일부 중도 인출 사유 제한)
추가 혜택	세액공제+복리효과	ISA 만기 자금 연금계좌로 전환 시 전환금액의 10%(연 300만 원 한도) 추가 세액공제	연금저축과 동일
주요 목적	장기 노후 자금 형성	중·장기투자 및 절세형 복리 구조	퇴직금 및 개인 노후자금 운용

1만 원으로 시작하는 금 투자

처음 금을 사기 시작했을 때, 저는 그것을 '투자'라고 부르는 것조차 망설였습니다. 그저 당장 없어도 큰 지장이 없는 돈을 잠깐 떼어 두자는 마음이었습니다. 차 한 잔 값, 외식 한 번 덜 하는 정도의 금액을 부담 없이 모아 두고, 시간이 흐른 뒤 "아, 이게 쌓이고 있구나." 하는 작은 성취를 느끼는 게 좋았습니다. 적은 금액이니 수익률보다도, 원래 없던 돈이 생긴 듯한 그 감각이 저를 움직였습니다.

2023년 9월 어느 날, 신문 한 면의 기사 제목이 눈에 들어왔습니다.

'금값, 사상 최고치 경신 가능성.'

인플레이션과 경기둔화, 고금리와 달러 강세가 동시에 이어지던 시기였습니다. 그날 이후 저는 큰돈이 없어도 할 수 있는 금 투자 방법으로 한국금거래소에서 운영하는 '센골드SENGOLD' 앱(2025년 6월 18일 '비단'으로 명칭 변경)을 알게 되었습니다. 이 앱은 매주 자동으로 금을 사 모을 수 있는 정기구독 서비스를 제공했는데, 저는 26주 동안 매주 월요일 1만 원씩 금 매수가 결제되도록 정기구독을 신청했습니다. 만기까지 유지하면 매도 수수료가 없었고, 매주 금이 매입될 때마다 도장이 하나씩 찍히는 화면이 작은 즐거움을 주었습니다.

그때는 고금리 여파로 금융시장이 전반적으로 위축돼 있던 시기였습니다. 미국의 연속 금리 인상과 지정학적 갈등으로 위험자산의 변동성이 커졌지만, 금은 오히려 '불안할수록 강해지는 자산'으로 존재감을 드러냈습니다. 이후 2024년 실제로 금값은 사상 최고치를 경신했습니다. 그리고 시간이 흘러 2026년 1월 11일 현재, 저는 그 첫 계좌의 수익률이 147%에 도달한 것을 확인했습니다.

첫 계좌의 만기가 끝나자, 저는 월요일마다 결제되던 시스템을 월 · 화 · 수 · 목 · 금, 다섯 개의 계좌로 확장했습니다. 결과적으로 주 5일, 매일 1만 원씩 금을 사 모으는 구조가 만들어졌죠. 매일 금이 자동 결제되고 금 도장이 하나씩 찍힐 때마다 오늘도 한 칸 쌓았다는 기분이 들었습니다. 이 방식의 진짜 장점은 '성취감'이었습니다.

돌아보면 이건 과거의 적금 풍차 돌리기 방식과 닮아 있었습니다. 저는 그때 적금을 12개월 동안 시차를 두고 매달 한 개씩 만기가 돌아오게 가입했습니다. 매달 만기가 돌아올 때마다 작은 보상처럼 느껴졌고 그때 배운 건 단순했습니다. "꾸준함이 주는 성취감은 중독적이다." 한 번의 큰 성취보다 여러 번의 작은 성취가 주는 만족감이 훨씬 오래 갔습니다. 매주, 매달 돌아오는 만기는 단조로운 투자에 재미와 리듬을 만들어 줄 수 있습니다. 그 리듬이 지루함을 줄이고, 꾸준함을 유지하는 힘이 되어 주었습니다.

2025년에도 금의 상승세는 유효하다는 전문가들의 전망을 확인하면서, 증권계좌에서도 금 ETF를 조금씩 담았습니다. ACE KRX 금현물 ETF를 추가로 매수했고, 현재 그 수익률은 90%를 상회하고 있습니다. 이 경험을 통해 저는 깨달았습니다. 금은 단순히 오르는 자산이 아니라 심리적 안정감을 주는 자산이라는 사실을요. 시장이 흔들릴수록 더 강해지는 자산. 큰 금액은 아니지만, 금은 그 존재만으로도 마음을 든든하게 해 주었습니다.

금을 사는 방법은 여러 가지가 있지만, 결국 중요한 것은 "내가 꾸준히 이어갈 수 있는 방식인가"입니다. 방식은 달라도 원리는 같습니다. 금을 직접 보유하든, 계좌에 담든, 앱으로 자동 매수하든 결국 핵심은 꾸준함과 구조입니다.

먼저, KRX 금시장(거래소 금 현물)은 가장 정통에 가까운 방식입니다. 증권사에서 금현물 계좌를 개설하면 1g 단위로 사고팔 수 있습니다. 거래 과정에서는 부가가치세가 면제되고, 개인 투자자는 금을 사고팔 때 생기는 차익에 대해 양도세를 내지 않습니다. 단, 금을 실물로 인출할 때에는 부가세 10%가 부과됩니다. 실물 보관의 번거로움 없이 금 가격을 그대로 추종할 수 있다는 점에서 안정적이고 투명한 방식입니다.

두 번째는 금 통장(골드뱅킹)입니다. 은행에서 0.01g 단위로 금을 적립할 수 있어 접근성이 높습니다. 단, 이익이 생기면 15.4%의 배당소득세를 내야 하고, 실물로 찾을 경우 부가세 10%가 추가됩니다. 또 국제 금 시세가 달러 기준으로 움직이기 때문에 환율 변동의 영향을 받는다는 점도 알고 있어야 합니다. 쉽게 시작할 수 있지만, 세금과 환율 요인은 미리 고려해야 합니다.

세 번째는 금 ETF(상장지수펀드)입니다. 증권계좌에서 주식처럼 금 관련 상품을 매수할 수 있습니다. 국내에는 'ACE KRX 금현물', 'KODEX 골드선물(H)', 'TIGER 골드선물(H) Gold' 등이 대표적입니다. ETF는 실물을 직접 보관할 필요가 없고, 자동 매수 기능을 활용해 장기투자하기에 좋습니다.

마지막은 모바일 소액 정기 투자, 즉 앱 기반의 자동 금 적립입니다. 제가 하는 센골드(비단) 앱처럼 소액으로 금을 꾸준히 모아갈 수 있습니다. 바쁜 직장인들이 손쉽게 할 수 있는 방법으로, 자동 결제를 설정해 두면 알아서 금이 쌓여갑니다. 다만 플랫폼마다 매입 · 매도 수수료나 실물 인출 조건이 다를 수 있으니, 사전에 확인이 필요합니다.

이 네 가지 중 어느 하나가 정답은 아닙니다. 각자의 성향과 상황에 따라 선택이 달라질 뿐입니다. 중요한 것은 큰돈보다 지속성, 그리고 복리처럼 쌓이는 리듬입니다. 저에게 센골드(비단)는 그 리듬을 만들어 준 방법이었습니다. 매일 1만 원씩 자동 결제가 이루어지는 알림은 단순한 숫자가 아니었습니다. 오늘도 나의 시스템이 작동하고 있다는 확인이자, 나 자신에게 주는 작지만 확실한 신호였습니다.

"얼마를 투자하느냐보다, 얼마나 꾸준히 지속할 수 있느냐."

작게 시작하더라도 리듬이 만들어지고, 리듬이 생기면 습관이 됩니다.

그리고 그 습관은 어느새 당신의 자산을 단단하게 만드는 힘이 되어 있을 것입니다.

■ **금 투자 방법 비교**

항목	KRX 금시장 (거래소 금 현물)	금 통장 (골드뱅킹)	금 ETF (상장지수펀드)	모바일 소액 정기투자 (플랫폼 적립)
투자 방식	증권사 금현물 계좌를 통해 거래소에서 1g 단위로 금을 직접 사고팜	은행 계좌에서 금을 0.01g 단위로 적립	증권계좌에서 주식처럼 매매 (예: ACE KRX 금현물 등)	앱을 통한 자동 매수 (센골드 등)
최소 거래 단위	1g	0.01g	1주	1천~1만 원
세금 및 부가세	매매차익 비과세, 거래 시 부가세 면제, 실물 인출 시 부가세 10% 부과	매매차익 배당소득세 15.4%, 실물 인출 시 부가세 10%	상품별로 상이하나 일반적으로 배당소득세 15.4%	플랫폼별 상이 (매매차익 과세 및 수수료 구조 확인 필요)
장점	실물 금 가격을 그대로 반영, 투명한 거래, 실물 보관 부담 없음	접근성 높고 은행을 통한 손쉬운 거래	실물 보관 부담 없음, 자동매수·분산투자 용이	소액으로 꾸준히 투자 가능, 자동이체로 습관화 용이
유의 사항	실물 인출 시 부가세 발생, 증권사 계좌개설 필요	환율 변동 영향 있음, 수수료 확인 필요	해외 금선물 ETF는 환율·선물 가격 영향 큼	매입·매도 수수료, 실물 인출 조건이 플랫폼별로 다름

코인 투자도 소액으로 안전하게 접근하기

비트코인이라는 단어를 들으면, '위험'과 '도박'이라는 두 글자만이 선명했습니다. 하루에도 몇 번씩 가격이 들쭉날쭉하고, 주변에서 코인으로 큰 손해를 봤다는 이야기만 들렸으니까요. 그렇게 오랫동안 비트코인을 도박과 다르지 않다고 여기며 선을 그었습니다. 그런 제게 전환점이 찾아온 건 2024년 여름이었습니다. 독서모임에서 안필호, 장석호 작가의 『나는 비트코인으로 인생을 배웠다』가 지정 도서로 선정되면서 저는 처음으로 그 세계를 조금 진지하게 들여다보게 된 것입니다.

그 책에서 특히, 기억에 남는 대목이 있습니다. 비트코인은 단순히 가격이 오르내리는 도구가 아니라 4년 주기의 반감기라는 구조적 요인이 있다는 설명이었습니다. 반감기란 새로 발행되는 코인의 양이 절반으로 줄어드는 시점을 말하는데, 이는 자연히 공급 감소를 초래하고 가격에 영향을 줄 가능성이 있습니다. 과거에는 비트코인이 먼저 상승하고, 그 흐름을 이어 이더리움이 상승한 뒤, 알트코인 전반으로 자금이 확산되는 경우가 반복 관찰되었다는 설명이 있었습니다. 그 설명을 접하자, 비트코인이 단순히 위험한 투기판이 아니라 패턴이 있는 구조라는 관점을 갖게 되었습니다.

책장을 덮은 이후, 저는 빗썸 앱을 설치했습니다. 비트코인 가격이 약 8천만 원대(약 6만 달러 중반)였던 시기였습니다. 처음엔 단지 없어도 되는 돈으로 한번 경험해 보자는 생각이었습니다. 그렇게 10만 원부터 아주 작게 매수하며 시장의 흐름을 보기 시작했습니다. 비트코인은 주식보다도 변동 폭이 훨씬 컸습니다. 아침에 확인한 금액이 저녁엔 달라져 있고, 잠들기 전과 일어난 후의 수익률이 전혀 다른 숫자를 보여 주었습니다. 하지만 그 변동을 견디는 과정이야말로 시장을 이해하는 첫 단계였습니다. 숫자가 흔들릴 때 내 마음도 함께 흔들린다는 것을, 그리고 그 흔들림을 견디는 힘이 곧 투자의 기본이라는 것을 배웠습니다.

그렇게 돈이 생길 때마다 비트코인을 모아가다 보니, 어느새 누적 금액이 1,000만 원에 이르렀습니다. 하지만 2024년 10월, 무인 편의점을 오픈하면서 자금이 필요해 비트코인을 매도하기로 했습니다. 당시에는 큰 수익이 없었기에 미련 없이 정리했지만, 아이러니하게도 그 직후부터 비트코인이 급등하기 시작했습니다. 1,000만 원을 인출하고 잔돈처럼 남겨 두었던 몇 만 원이 100% 이상 오르면서, 저는 씁쓸하게 웃을 수밖에 없었습니다. "이래서 시장은 예측할 수 없구나." 투자에 완벽한 타이밍이란 없고, 중요한 건 그 순간 제게 필요한 선택을 하는 것이었습니다.

이후 비트코인은 가격이 너무 올라, 추가 매수를 하는 대신 책에서 말한 바와 같이 이더리움을 조금씩 매수하기 시작했습니다. 비트코인 상승 이후 이더리움이 상승할 것이라는 전략을 따른 것이었죠.

그리고 최근에는 리플(XRP)의 전망을 확인하고, 자금이 있을 때마다 리플을 매수하며 흐름을 지켜보고 있습니다.

저는 코인에 소액씩 투자하지만, 대박을 노리는 것은 아닙니다. 그저 예·적금보다 나은 수익률로 자금을 불릴 수 있는 보조 투자 수단으로 접근합니다. 저금리와 인플레이션이 공존하는 시대에서 단지 저축만으로는 자산을 불릴 수 없는 것이 현실이기 때문입니다. 하지만 그렇다고 위험을 감수하며 무리할 필요도 없습니다. 위험을 최소화하면서 조금이라도 더 나은 수익을 추구할 방법이 필요한 것입니다.

코인 투자를 할 때 제가 세운 원칙은 단순하지만, 지금까지 저를 지켜 준 기준이기도 합니다.

첫째, 투자 한도를 정하는 것입니다. 저는 전체 자산 중 1~5% 이내만을 코인 투자에 사용하기로 정했습니다. 코인은 어디까지나 보조 수단일 뿐, 삶의 기반이 흔들릴 정도로 투자해서는 안 됩니다. 손해를 보더라도 내일 아침밥을 맛있게 먹을 수 있고, 여전히 계획했던 일상을 이어갈 수 있는 선에서만 투자해야 합니다.

둘째, 레버리지를 사용하지 않는 것입니다. 빚을 내서 투자하면 수익을 빠르게 쌓을 수는 있어도, 손실도 그만큼 커집니다. 저는 빚을 내서 불안하게 버티는 투자보다, 잃어도 다시 시작할 수 있는 투자 방식을 택했습니다. 남의 돈으로 욕심을 부리는 순간, 투자는 도박이 됩니다.

셋째, 분할 매수를 통해 리스크를 분산하는 것입니다. 한 번에 많은 돈을 넣기보다, 여러 번에 걸쳐 나누어 매수하면 평균 단가를 낮출 수 있고, 충동적으로 거래하는 실수를 막을 수 있습니다. 시장이 떨어질 때도 덜 불안하고, 오를 때도 적당한 기쁨을 느낄 수 있습니다. 이렇게 세 가지 원칙을 지키며 투자한다면, 시장의 급등락 속에서도 흔들리지 않고 오히려 안정적인 마음으로 흐름을 바라볼 수 있습니다.

코인은 여전히 예측하기 어려운 자산입니다. 그러나 무리하지 않고, 감당 가능한 범위 안에서 소액으로 천천히 시장을 관찰하며 투자한다면, 충분히 현명한 자산관리 수단이 될 수 있습니다. 저는 코인 투자를 하고 있습니다. 다만 혹시 손실이 나더라도 제 삶에 큰 타격이 없을 만큼의 범위에서 합니다. 하지만 그 적은 금액이 시장의 흐름을 익히게 해 주고, 자산의 움직임을 몸으로 느끼게 해 줍니다. 무엇보다 내가 욕심을 어디까지 통제할 수 있는지, 불안을 어떻게 다스릴 수 있는지를 배우게 해 줍니다.

코인은 결코 빨리 돈을 버는 수단이 아닙니다. 그것은 자신의 욕심을 다스리고, 리스크를 조절하며, 기다림을 배우는 과정입니다. 큰돈을 걸기보다, 적은 금액으로 꾸준히 시장을 지켜보며 원칙을 지키는 것. 그것이 코인 투자의 핵심입니다. 그렇게 하면 단순한 수익 이상의 배움을 얻게 됩니다. 돈을 다루는 법뿐 아니라 자기 자신을 다루는 힘까지도 말이죠.

시장은 언제나 요동치지만, 원칙은 나를 지탱해 줍니다. 코인 투자를 하든 하지 않든, 결국 중요한 것은 같습니다. 내가 감당할 수 있는 속도로, 내 삶을 무너지지 않게 설계하는 것. 그것이야말로 진짜 현명한 부의 설계입니다.

달러 투자로 돈 버는 방법

2023년 말, 퇴근 후 산책을 하며 천천히 걷고 있었습니다. 이어폰 너머로 들려오던 유튜브 영상에서 이런 문장이 흘러나왔습니다. "달러 투자뿐 아니라 원화 투자도 있습니다." 그 한 문장이 영상 속 이야기에 더욱 귀를 기울이게 했습니다. 달러 투자는 익숙한 말이었지만, 원화 투자는 생소했습니다. 그런데 설명을 듣다 보니 금세 이해가 되었습니다. 외국인의 입장에서 보면, 우리는 모두 '원화 투자자'였던 겁니다. 그들이 달러로 원화를 사서 한국의 주식이나 부동산을 보유하듯, 우리는 원화로 달러를 사서 미국이라는 시장의 일부를 갖게 되는 것이지요. 이 단순한 원리를 이해하자, 달러 투자가 훨씬 친근하게 다가왔습니다. 달러 투자는 어렵거나 복잡한 일이 아니라 단지 돈의 기준을 달리하는 일이라는 깨달음이 들었습니다. 그날 이후, 환율과 달러의 움직임에 자연스레 관심이 생기기 시작했습니다.

마침 그 무렵, 저는 구글 애드센스를 통해 처음으로 달러를 벌기 시작했습니다. 달러가 조금씩 쌓이는 걸 보면서 문득 궁금해졌습니다. '이 달러를 언제 원화로 바꾸는 게 좋을까?' 처음엔 단순히 수익금의 숫자를 확인하는 수준이었지만, 환율에 따라 원화로 환산될 금액이 달라질 것을 생각하니, 달러를 단순히 벌기만 할 것이 아니라 어떻게 관리하고 활용할 수 있을까를 생각하게 되었습니다.

그 관심은 자연스럽게 책으로 이어졌습니다. 유튜브에서 들어본 적이 있던 박성현의 『달러 투자 무작정 따라하기』를 구입해 읽었습니다. 저자는 달러를 "세상에서 가장 안전한 돈"이라 표현했습니다. 달러는 단순한 화폐가 아니라 위기 때마다 세계 경제를 버티게 하는 '기준 통화'입니다. 불안한 시기일수록 달러는 강해지고, 시장이 안정되면 다시 제자리를 찾는 구조. 그 내용을 읽으며 큰 인사이트를 얻었습니다. 달러는 불확실한 시대에 자산을 지키는 '안전벨트 같은 통화'였습니다.

특히, 책에서 소개된 '세븐 스플릿Seven Split 전략'이 인상 깊었습니다. 이 전략은 달러를 한 번에 사거나 팔지 않고, 일곱 구간으로 나누어 조금씩 사고파는 방식입니다. 환율이 조금 떨어질 때마다 일정 금액으로 달러를 사고, 오를 때마다 일부를 팔아 수익을 확정하는 구조입니다. '언제 사야 할지, 언제 팔아야 할지'를 고민하지 않아도 되는 기계적인 투자법입니다. 환율의 흐름을 완벽히 예측하려 하기보다, 시장의 변동을 자연스럽게 흡수하며 꾸준히 반복하는 전략. 모든 투자는 사실 이 단순한 원리가 진리입니다.

저는 이 철학이 무척 마음에 들었습니다. 어떤 투자도 예측할 수 없기에, 단지 시스템 속에서 기계적으로 움직이는 전략만이 그 꾸준함으로 인해 결국 수익을 만들어내는 것입니다. 이미 풍차 돌리기 적금이나 금 투자에서처럼 나누어 꾸준히 쌓는 습관의 힘을 경험해 왔기 때문입니다. 세븐 스플릿은 그런 저의 투자 철학과 매우 닮아 있었습니다.

달러 투자는 생각보다 훨씬 단순합니다. 주식처럼 기업을 고를 필요도 없고, 부동산처럼 목돈이 필요하지도 않습니다. 스마트폰 하나만 있으면 은행 앱의 외화예금 메뉴에서 바로 시작할 수 있습니다. 10달러, 20달러 단위로도 가능하고 일부 은행은 소액 투자 개념으로 1달러부터 가능한 곳도 있습니다. 무엇보다 중요한 장점은 환차익이 비과세라는 점입니다.

예를 들어 환율이 1,300원일 때 100달러를 사서 1,400원일 때 팔면 10,000원의 차익이 생기는데, 이 차익에는 세금이 부과되지 않습니다. 물론 예금에 붙는 이자에는 15.4%의 이자소득세가 붙지만, 그 금액은 미미합니다. 세금 부담이 적다는 점만으로도 달러 투자는 자산을 분산하기에 충분히 매력적인 수단이 됩니다.

아직 저는 달러 투자를 본격적으로 시작하진 않았습니다. 하지만 애드센스를 통해 달러를 벌게 되면서, 앞으로 이 수익을 단순히 원화로 환전하는 데 그치지 않고, 적절한 환율 시점에 일부는 원화로 바꾸고, 일부는 달러 자산으로 유지하거나 운용하는 방식으로 달러가 머물지 않고 흐르는 구조를 만들어 보려 합니다. 이처럼 달러를 버는 과정과 관리하는 과정을 함께한다면, 수익이 단순히 들어오는 돈에서 끝나지 않고, 스스로 일하는 돈으로 확장될 수 있을 것입니다.

달러 투자는 어려운 투자가 아닙니다. 세븐 스플릿처럼 분할로 꾸준히 접근하는 습관은 불안한 시대일수록 더욱 빛을 발합니다. 돈이 나를 지키는 것이 아니라 내가 돈의 흐름을 이해하고 선택하는 사람으로 성장하는 것. 그것이야말로 진짜 자산관리의 시작입니다. 세상은 끊임없이 변하지만, 그 속에서도 균형을 잡는 법은 동일합니다. 작게, 꾸준히, 흔들리지 않게. 그렇게 쌓인 달러 한 장 한 장이 결국 당신의 자산을 단단하게 세워 줄 것입니다.

돈이 일하고, 나는 꿈을 짓는 구조

처음 투자를 시작했을 때, 저는 늘 감정의 파도 속에 있었습니다. 시장이 조금만 흔들려도 마음이 요동쳤고, 계좌의 숫자가 오르내릴 때마다 하루의 기분이 달라졌습니다. 수익이 나면 들떴고, 손실이 나면 온종일 그 생각이 떠나질 않았습니다.

그때는 몰랐습니다. 투자에서 가장 큰 적은 바로 '나 자신'이라는 것을요. 시간이 지나며 한 가지를 분명히 깨달았습니다. 아무리 좋은 전략을 세워도, 인간의 의지력 하나만으로는 꾸준함을 유지하기 어렵다는 사실이었습니다.

사람은 생각보다 훨씬 감정적인 존재입니다.

"이번엔 다를 거야."

"조금만 더 기다리면 오를 거야."

"지금 팔면 후회할 것 같아."

이 말들은 합리적인 판단처럼 들리지만, 대부분은 불안과 조급함이라는 감정의 다른 이름입니다. 그래서 저는 결심했습니다. 판단하지 않기로. 대신 시스템을 세우기로.

투자는 감정이 아니라 시스템으로 하는 일임을 깨달았습니다. 돈을 불리는 기술보다 더 중요한 것은, 내가 흔들리지 않고 꾸준히 이어갈 수 있는 구조를 만드는 일이라는 것을 말입니다. 자동화의 핵심은 바로 여기에 있습니다. 내가 개입하지 않아도 굴러가는 구조, 내가 매번 결심하지 않아도 투자금이 흘러가고, 내가 확인하지 않아도 시장 안에서 돈이 쌓여가는 구조. 감정은 변하지만, 시스템은 흔들리지 않습니다.

저는 월급이 들어오면 바로 각 계좌로 일정 금액들을 이체시킵니다. 각 계좌 안에서는 매일 일정 금액이 자동투자로 흘러가도록 세팅했습니다. 중요한 것은 얼마나 꾸준히 흘러가도록 만드는가 하는 것입니다. 이 자동이체 하나가 제 의지를 대신해 주었습니다. 이번 달은 시장이 불안하니까 멈춰야겠다는 생각이 들 때조차도, 시스템은 묵묵히 제 할 일을 했습니다. 그 구조 속에서 돈이 차곡차곡 쌓여갔습니다.

이 구조의 진짜 목적은 단순히 돈을 불리는 데 있지 않았습니다. 자동화의 진정한 힘은 내게 시간의 자유를 선물하는 데 있었습니다. 여기서 말하는 자유는 여유롭게 쉬는 시간이 아니라 내가 진짜 쓰고 싶은 곳에, 시간을 쓸 수 있는 자유입니다. 투자를 자동화해 두면, 투자 공부를 하느라 많은 시간을 들이지 않아도 되고, 시장을 들여다보는 데 쓰던 에너지를 나의 본질적인 일로 되돌릴 수 있습니다.

이제 저는 타이밍을 맞추기 위해 계좌를 들여다보지 않습니다. 대신 그 시간에 자기계발을 하고 이렇게 글을 씁니다. 그렇게 보낸 시간들이 첫 번째 책에 이어 두 번째 책 『부의 설계도』를 집필하게 했고, 더 나아가 앞으로의 프로젝트를 위해 나아가게 해 주었습니다. 자동화 덕분에 저는 돈에 매달리는 사람이 아니라 돈이 흘러가는 방향을 설계하는 사람이 되었습니다. 매일 아침 주식 앱을 열어 보는 대신, 오늘 쓸 문장을 떠올립니다. 계좌 잔고를 확인하는 대신, 만들어 가고 싶은 미래의 밑그림을 그려 봅니다.

물론 저는 아직 경제적 자유를 이룬 상태가 아닙니다. 앞으로 해야 할 일들을 위해 자금을 모아야 하고, 배워야 할 것도 많습니다. 그럼에도 불구하고, 자동으로 돈이 흘러가도록 설계한 덕분에 그 시간만큼은, 제가 쓰고 싶은 곳에 쓸 수 있게 되었습니다. 그 자유가 제게는 무엇보다 큰 의미였습니다.

자동투자 시스템으로 투자를 지속할 수 있으니, 저는 안심하고 제 일에 몰두할 수 있습니다. 돈이 일하는 동안, 저는 제 꿈을 짓는 일에 집중할 수 있게 된 것이지요. 그리고 그 시간들이 쌓여 또 다른 자산이 되었습니다. 돈으로 환산할 수는 없지만, 분명 제 삶을 더 풍요롭고 단단하게 만들어 주는 내적 자산 말입니다.

투자의 본질은 결국 꾸준함이고, 꾸준함은 의지가 아니라 시스템이 만듭니다. 그 시스템이 작동하는 동안, 당신은 더 가치 있는 일에 집중할 수 있습니다. 자신을 성장시키는 공부, 새로운 일을 설계하는 시간, 하루를 더 밀도 있게 살아가는 일 말입니다. 자동투자는 결국 이런 삶을 가능하게 해 줍니다.

돈이 나를 대신해 일하는 동안, 나는 내가 진짜 해야 할 일에 집중할 수 있는 삶. 매일 아침 숫자에 흔들리지 않고, 내가 만들어 가고 싶은 것들에 에너지를 쏟을 수 있는 삶. 그것이야말로 돈이 일하고, 나는 꿈을 짓는 구조이며, 손을 떼고도 돈이 불어나는 시스템이 선물하는 가장 본질적인 자유입니다. 작은 자동이체 하나가 삶의 방향을 바꿀 수 있습니다. 시작은 언제나 작지만, 그 작은 시작이 만드는 구조는 생각보다 훨씬 단단합니다. 지금 이 순간, 당신도 그 구조를 만들 수 있습니다.

PART 4 완공과 확장

부를 지키는 인생설계

부의 여정에는 어느 순간 반드시 방향을 다시 점검해야 하는 시점이 찾아옵니다. 처음에는 돈을 버는 일에 온 에너지를 쏟습니다. 그 다음에는 불리는 법을 배우고, 구조를 만들어 자동화의 궤도에 올립니다. 하지만 일정한 지점에 다다르면 깨닫게 됩니다. 이제 중요한 것은 "더 많이 버는 것이 아니라 이 돈이 나를 어디로 이끌고 있는가?"라는 질문이라는 것을요.

돈을 좇던 시기에는 숫자가 목표가 되지만, 돈의 흐름을 설계하기 시작하면 삶이 목표가 됩니다. 이 시점이 바로 '완공'의 순간입니다. 이 장은 그 완공의 의미를 되짚고, 이후의 삶을 확장시켜 가는 방법에 대해 이야기하려 합니다.

많은 사람이 돈이 많아지면 불안이 사라질 거라 믿습니다. 하지만 현실은 그 반대입니다. 가진 것이 많을수록 잃을까봐 두려워지고, 더 쌓아야 한다는 압박감은 오히려 삶의 여유를 앗아갑니다. 이 불안의 근원은 돈의 크기가 아니라 돈의 방향이 없다는 데 있습니다. 돈이 나를 끌고 가는 삶이 아니라 내가 돈의 흐름을 주도하는 삶. 그 전환이 이루어질 때 비로소 진짜 경제적 자유가 시작됩니다.

돈을 버는 데는 기술이 필요하지만, 돈을 지키기 위해서는 태도가 필요합니다. 그 태도는 단순히 절약이나 검소함을 뜻하지 않습니다. 무엇을 위해 쓰고, 어디에 투자하며, 어떤 기준으로 선택하는가. 그 기준이 곧 인생의 방향을 결정합니다.

돈을 쓰는 방식은 곧 나의 가치관을 드러내는 거울입니다. 소비의 기준이 바뀌면 삶의 중심이 달라지고, 태도가 바뀌면 인생의 무게가 달라집니다. 결국 돈을 잘 다루는 일은, 돈을 통해 나 자신을 다스리는 일입니다.

이 장에서 말하는 '완공'은 단순히 경제적 성취만을 뜻하지 않습니다. 그동안 쌓아온 시스템 위에 삶의 철학을 세우는 일, 즉 돈이 흔들리지 않도록 구조를 단단히 다지고 그 위에 내가 원하는 삶의 형태를 세우는 일입니다. '확장'은 자산의 크기를 키우는 것이 아니라 돈이 만들어 주는 시간과 가능성의 폭을 넓히는 일입니다. 돈이 일하는 동안 나는 그 시간에 나의 꿈을 짓고, 삶을 더 깊이 있게 확장해 나가는 것, 그것이 이 장이 전하고자 하는 진짜 확장의 의미입니다.

여기서 기억해야 할 개념이 하나 있습니다. 바로 적정한 부입니다. 얼마를 버느냐보다 나에게 맞는 부의 크기를 아는 것이 진짜 부입니다. 누군가에겐 월 300만 원이 자유를 주지만, 다른 누군가에겐 월 3천만 원이어도, 늘 부족합니다. 부의 기준은 절대적이지 않습니다. 내가 원하는 삶을 유지하고, 내가 가치 있다고 느끼는 곳에 돈을 쓸 수 있다면 그것이 바로 '적정 부'입니다. 적정 부를 아는 사람은 돈을 쫓는 대신, 돈을 설계하고 자신만의 기준으로 돈을 다루며 살아갑니다.

이제부터의 부의 설계는 숫자를 채우는 일이 아니라 삶의 방향을 정하는 일입니다. 돈을 불리는 기술보다 더 중요한 것은 그 돈이 향해야 할 철학입니다. 내가 무엇을 위해 돈을 벌고, 어디에 쓰며, 그 과정에서 어떤 사람으로 성장하고 싶은지를 스스로 묻는 일. 그 물음이 명확해질수록 돈은 내 인생의 중심이 아니라 흐름 속의 한 부분으로 제자리를 찾아갑니다.

결국, 부를 설계한다는 것은 단순히 자산을 쌓는 일이 아니라 돈의 흐름을 나의 가치와 연결하는 일입니다. 그 흐름이 안정되면 당신은 더 이상 돈을 좇지 않아도 됩니다. 돈이 자연스럽게 당신을 따라오게 되기 때문입니다.

이제 당신에게 묻습니다.

"왜 돈을 버는가, 그리고 그 돈은 어디를 향하고 있는가?"

이 질문은 단순한 경제적 물음이 아니라 앞으로의 삶을 설계하기 위한 가장 근본적인 질문입니다. 그 답을 찾아가는 과정이 바로 '완공과 확장'의 여정이며, 지금 이 장에서 함께 다루게 될 이야기입니다.

돈 걱정 없이 사는 삶은 가능하다

고등학교 때부터 장애가 있는 엄마를 돌보며 가장의 역할을 해야 했습니다. 그 시절의 제게 돈 걱정은 공기처럼 당연한 일이었어요. 기초생활수급비로 공과금과 생활비를 빠듯하게 맞춰내고 나면 통장 잔고는 바닥을 드러냈지만, 이번 달도 무사히 넘겼다는 안도감 하나로 또 하루를, 또 한 달을 잘 버텨냈습니다. 어떤 달에는 엄마가 아끼시던 반지를 팔아야 하기도 했고, 또 어떤 달에는 오랜 저금통의 동전까지 바꾸어 가며 생계를 이어갔습니다. 그래서 물리치료사가 되어 처음 월급을 받았을 때 제가 가장 먼저 했던 일은 "더 좋은 반지를 사드리겠다"며 반지를 팔았던 그날의 약속을 지킨 것이었습니다.

직장인이 되어 정기적인 월급을 받기 시작한 뒤에도 불안은 사라지지 않았습니다. 돈을 벌수록 지출도 함께 늘었고, 통장에 찍히는 숫자는 잠깐의 안도감일 뿐이었습니다. "몇 년만 지나면 괜찮아질 거야." 스스로를 이렇게 달랬지만 제 삶의 구조는 그대로였습니다. 공무원으로 커리어를 전환한 뒤에도 평생 안정된 직장을 얻었을 뿐 삶의 구조가 크게 달라지진 않았습니다.

그러던 어느 날, 하나의 질문이 계기가 되어 경제적 자유에 관한 책들을 읽기 시작하면서 돈이 내 삶을 어떻게 움직이고 있는가에 대해 생각하게 되었습니다. 돈을 벌기만 할 게 아니라 돈을 '설계'해야 한다는 사실을 깨닫게 되었습니다. 그때부터 다시 새로운 인생을 살 듯, 돈에 대한 태도를 바꾸기 시작했습니다. 퇴근 후와 주말마다 경제 서적을 읽거나 경매 강의를 듣고, 주말이면 경제 재테크 박람회를 찾아다니며 인사이트를 쌓았습니다. 배우는 데서 멈추지 않고, 배운 것을 하나씩 실행에 옮겼습니다. 신용카드 대신 체크카드를 사용하고, 불필요한 소비를 줄이며, 매달 자동이체를 걸었습니다. '돈을 아끼자'에서 '돈이 일하게 하자'로 생각이 전환되자, 삶은 조용히 다른 방향으로 흘러가기 시작했습니다.

불과 2년여의 시간 동안, 저는 지식산업센터 두 채를 마련했고, 무인 편의점을 운영하기 시작했습니다. 그리고 주식 및 금 투자 등 다양한 소액 투자를 시작해 직장인 월급으로 2년 만에 추가로 금융자산도 1억 원 이상을 만들었습니다. 퇴근 후에도 배우고 시도하며 애드센스 및 전자책 제작과 같은 작은 수입원들을 실험했습니다. 돈이 만들어지는 구조를 이해하게 된 저는, 단순히 돈을 좇는 대신 돈이 흘러갈 길을 스스로 설계했습니다. 물론 아직 경제적 자유를 이룬 것은 아니지만, 돈이 내 삶을 흔들지 않는 구조를 만들 수 있다는 확신을 얻었습니다. 그 구조는 특별한 재능이 아니라 습관과 시스템의 결과였습니다.

돈 걱정이 잦아들자 생긴 것은 시간의 여유라기보다 마음의 여유였습니다. 불안이 차지하던 자리에 생각의 여백이 생기자, 그곳에 꿈이 들어올 공간이 마련되었습니다. 저는 이제 돈을 버는 이유를 압니다. 단순한 생존이 아니라 제가 진짜 하고 싶은 일을 선택할 자유를 얻기 위해서입니다. 그래서 지금도 또 다른 무대를 짓고 있습니다. 책을 쓰고, 강의를 준비하며, 다음 꿈을 설계합니다. 생존이 아닌 성장, 생계가 아닌 의미를 향한 여정이 시작된 것입니다.

이제 저는 완벽하지는 않지만 불안하지 않고, 부족할 때도 두렵지 않습니다. 내일의 숫자를 예측하기보다 오늘의 선택을 정직하게 쌓는 일에 마음을 둡니다. 돈 때문이 아니라 원해서 하는 선택이 조금씩 늘어날 때, 당신은 이미 돈 걱정 없는 삶의 안쪽으로 들어서고 있는 것입니다.

돈이 많다고 안정되는 것은 아닙니다. 내가 세운 구조 안에서 돈이 제 역할을 하고, 그 안에서 내가 흔들리지 않고 살아간다면 그것이 진짜 안정입니다. 돈 걱정 없는 삶은 특별한 사람에게만 주어지는 것이 아닙니다. 오늘의 소비를 한 번 더 살피는 일, 적은 금액이라도 꾸준히 모으는 일, 그런 사소한 실천에서부터 시작됩니다. 불안을 덜어내는 힘은 거대한 수입이 아니라 내가 만든 구조를 믿고 하루하루를 꾸준히 살아가는 데 있습니다. 돈 걱정 없는 삶은 결국 그렇게 평범한 일상 속에서 차근히 만들어지는 것입니다.

소비 기준이 바뀌면 인생도 바뀐다

처음 사회생활을 시작했을 때, 제 소비의 기준은 대부분 '필요'였습니다. 장애가 있는 엄마와 함께 안정적으로 살 집을 마련하는 것, 그것이 제게 가장 시급한 과제였습니다. 대학시절 내내 졸업만을 기다리며 이제는 더 이상 돈 때문에 걱정하고 불안하지 않은 삶을 바랐습니다. 그 시절 제 통장에서 나가는 돈의 대부분은 엄마와 함께할 '집'을 향했습니다. 그러나 그 돈들은 단순히 사라지는 돈이 아니었습니다. 그것은 필요에 의한 지출이자, 미래를 위한 투자였습니다.

시간이 흐르면서 제 소비의 형태는 조금씩 달라지기 시작했습니다. 집이 마련되고 나자, 오랜 시간 눌러두었던 욕구들이 고개를 들었습니다. 주말마다 여행을 다니고, 새로운 취미를 배우며, 자기계발이라 부를 수 있는 활동들에 돈을 지출했습니다. 그 지출들은 오랫동안 미뤄온 보상이었고, 한동안은 그렇게 사는 것이 맞다고 여겼습니다. 그러나 돌이켜보면, 그 시기의 소비는 '나를 위로하는 소비'였습니다. 잠시의 만족은 주었지만, 삶의 방향을 바꾸지는 못했습니다.

그러던 어느 날, 경제적 자유에 관심을 가지면서 제 생각은 달라졌습니다. 수많은 경제 서적을 읽는 과정에서 소비의 기준 역시 바뀌기 시작했습니다. 지출에는 두 가지 종류가 있었습니다. 하나는 단순 소비성 지출, 다른 하나는 돈을 만들어내는 생산성 지출. 지금 생각하면 너무나 당연한 이야기지만, 그 당시 제게는 모든 소비 개념이 새롭게 정의되는 순간이었습니다. 그전까지는 '돈을 아끼는 법'을 고민했다면, 이제는 '돈이 다시 돌아오게 쓰는 법'을 고민하게 된 것입니다. 그때부터는 돈이 생기면 주식이나 자산을 사는 일에 더 큰 흥미를 느꼈고, 단순 소비성 지출에 대한 욕구는 자연스럽게 사라졌습니다. 같은 돈이라도 어디에 쓰느냐에 따라 결과가 완전히 달라진다는 사실을 깨닫게 된 것이었습니다.

돌이켜보면, 집을 마련하던 시기의 지출은 분명 생산성 지출이었습니다. 그 돈은 저와 엄마의 삶의 기반을 세우는 투자였고, 안정이라는 자산을 만들어 주었습니다. 하지만 이후의 소비들은 점점 소비성 지출로 기울었습니다.

2년 전, 저는 소비의 기준을 완전히 다시 세웠습니다. 단순히 절약하는 것이 아니라 돈이 저를 대신해 일하게 만드는 구조로 방향을 바꾸었습니다. 부동산과 주식, 금, 코인 등 자산형 지출에 집중하며, 불필요한 소비는 과감히 줄였습니다. 월급의 일정 부분을 투자 계좌로 자동이체 하고, 소비의 목적이 '소유'가 아닌 '성장'이 되도록 관리했습니다.

그렇게 지출의 방향을 바꾸자, 인생의 구조가 조금씩 달라지기 시작했습니다. 돈이 일하는 동안, 저는 꿈을 향해 나아가는 사람이 되고 있었습니다. 돈을 어디에 쓰느냐는 단순한 경제의 문제가 아닙니다. 그것은 삶의 철학입니다. 돈이 향하는 곳이 곧 나의 에너지가 향하는 곳이고, 그 방향이 바뀌자, 삶의 중심도 함께 바뀌었습니다.

소비 기준을 바로 세운다는 것은 단순히 절약하자는 이야기가 아닙니다. 그건 지출의 목적을 명확히 하는 일입니다. 그 돈이 사라질 돈인지, 아니면 다시 돌아올 돈인지를 구분할 줄 아는 감각, 그 감각이 결국 삶을 바꾸는 시작점이 됩니다.

결국, 소비는 나를 비추는 거울입니다. 그 거울 속에는 내가 어디에 서 있고, 무엇을 향해 가고 있는지가 고스란히 담겨 있습니다. 책과 강의에 쓴 금액이 많을 때면, 저는 성장의 시간을 살고 있는 것이고, 외식과 쇼핑이 늘어날 때면 잠시 위로의 시간을 살고 있는 것입니다. 둘 다 적절히 필요하지만, 어느 쪽이 더 많으냐에 따라 인생의 무게 중심은 달라집니다. 소비는 단순한 지출이 아니라 내가 어떤 사람으로 살아가고 싶은지를 보여 주는 가치의 선택입니다.

소비의 기준이 바로 설 때, 삶의 질서가 잡히고, 불필요한 불안이 사라집니다. 돈을 버는 일은 능력으로 가능하지만, 돈을 쓰는 일은 태도와 철학으로 완성됩니다. 그리고 그 철학이 바뀌는 순간, 인생의 방향은 이미 달라져 있습니다. 소비는 결국, 오늘의 나를 통해 내일의 나를 만드는 행위입니다. 돈을 어떻게 쓰느냐에 따라, 인생의 크기와 깊이가 달라집니다. 그것이 바로 소비 기준이 인생을 바꾸는 이유입니다.

작은 돈을 잘 다루는 사람이 진짜 부자

중고등학교 시절, 저는 심부름 후 남은 몇 천 원, 쓰고 남은 자투리 천 원을 저금통이 아닌 책 속에 끼워두곤 했습니다. 특별한 목적이 있었던 건 아니었습니다. 다만 자투리 돈이 생길 때마다 자연스럽게 그렇게 했습니다. 시간이 흘러 여름 교복을 맞추어야 했을 때, 책장 속에서 꺼낸 그 돈은 예상보다 두둑했고 요긴하게 사용되었습니다. 이 돈을 용돈으로 사용할 때도 하루에 천 원씩만을 챙겨 집을 나서곤 했습니다. 저금통이라는 통제된 공간에 돈을 가두지 않아도, 제 안에는 이미 작은 돈을 지키는 태도와 절제의 습관이 자리 잡고 있었습니다. 그때는 몰랐지만 지금 돌이켜보면, 그런 작은 습관이 제 삶의 기초가 되었다는 것을 분명히 알 수 있었습니다.

시간이 흘러도 그 습관은 사라지지 않았습니다. 작년 여름, 퇴근 후 무인 카페에서 지식산업센터 세금 신고를 마치고 늦은 밤 귀가하던 날이었습니다. 집에 도착해 신발을 벗는 순간, 우산이 없다는 사실을 깨달았습니다. 밤 12시가 넘은 시각이었고, 사실 어디에 두고 왔는지도 확실치 않았습니다. 그냥 잃어버렸다고 생각해도 되는 일이었지만, 저는 다시 신발을 신었습니다. 왕복 30분의 거리를 걸어 카페를 들르고, 결국 돌아오는 길에 들렀던 은행 앞에서 우산을 찾았습니다. 그날 밤 제 만보기는 2만 보를 넘겼습니다.

누군가는 "그깟 우산 하나"라고 말할지도 모릅니다. 하지만 제게 그 우산은 단순한 물건이 아니었습니다. 그것은 작은 것을 함부로 흘려보내지 않겠다는 태도의 상징이었습니다. 피곤한 몸을 이끌고 다시 집을 나선 그 밤의 선택은 작은 돈 하나, 작은 물건 하나에도 의미를 잃지 않겠다는 원칙을 지키는 일이었습니다.

세계적인 투자자 워런 버핏 역시 같은 메시지를 전합니다. 그는 1958년에 구입한 집에서 여전히 살고 있으며, 매일 아침 맥도날드에서 햄버거 세트를 사며 하루를 시작합니다. 그의 절약은 단순히 돈을 아끼는 행위가 아닙니다. 그것은 돈이 자신을 흔들지 못하도록 스스로 세운 '질서'였습니다. 버핏의 부는 운이 아니라 작은 선택을 수십 년간 일관되게 지켜온 결과였습니다.

『돈의 속성』 저자 김승호 회장 역시 같은 철학을 실천합니다. 그는 돈에도 감정이 있고 인격이 있다고 말합니다. 즉 돈을 단순한 도구가 아니라 관계의 대상으로 바라보며, 존중과 책임의 태도로 대해야 한다는 것입니다. 그는 맨손에서 시작해 지금은 글로벌 식품기업 스노우폭스 그룹 회장이 되었지만, 여전히 검소한 생활을 유지하며 돈과의 바른 관계를 지켜나갑니다.

이 두 사람의 삶을 들여다보면, 결국 결론은 같습니다. 돈을 대하는 태도가 인생의 질서를 만든다는 것입니다. 저 역시 그 진리를 제 삶 속에서 확인해 왔습니다. 책 속 천 원을 아껴 두던 마음, 한밤중 우산을 찾으러 나섰던 선택, 모두 같은 뿌리에서 비롯된 행동이었습니다. '작은 것을 잃지 않으려는 사람만이 큰 것을 다룰 수 있다.' 라는 믿음, 그 믿음이 지금도 저를 움직이게 합니다.

작은 돈을 잘 다루는 사람은 돈이 흘러야 할 방향을 스스로 설계합니다. 즉 의미 없는 소비가 아닌 가치 있는 순환으로 돈을 흐르게 하는 감각을 갖고 있습니다. 작은 돈 하나에도 의미를 부여하고, 그 의미를 내일의 성장으로 연결합니다. 그 차이는 처음엔 보이지 않지만, 시간이 쌓이면 삶의 방향을 바꿉니다. 돈을 잘 다룬다는 것은 결국 자신을 잘 다루는 일입니다. 오늘의 천 원, 오늘의 우산 하나를 소중히 여기는 태도, 그 작은 선택들이 내일의 자산이 되고 인생의 기초가 됩니다.

부자는 돈이 많아서 부자가 아닙니다. 돈의 크기와 상관없이, 돈을 존중하고 다루는 태도가 단단한 사람, 그런 사람이 진짜 부자입니다. 작은 돈을 다루는 일은 작아 보이지만, 그 작은 선택이 모여 인생을 설계하는 힘이 됩니다. 돈을 다루는 태도를 바꾸는 순간, 돈뿐 아니라 인생의 흐름까지 달라집니다. 작은 것을 귀하게 여기는 태도, 그것이 바로 꿈을 현실로 짓는 첫걸음입니다. 그리고 그 시작은 언제나, 당신의 손안에 있는 가장 작은 선택 하나에 있습니다.

삶의 중심을 되찾는 부의 설계

우리는 흔히 부를 얼마나 많이 가지느냐로 판단합니다. 통장 잔고의 숫자, 보유한 자산의 규모, 남들과 비교한 내 위치로 자신의 가치를 재곤 합니다. 그러나 그렇게 재산을 늘려가는 과정에서, 정작 우리는 가장 중요한 질문을 놓칩니다. "나는 지금 만족하며 살고 있는가?", "내가 원하는 방식으로 살아갈 자유가 있는가?"

진짜 부는 숫자의 문제가 아닙니다. 얼마나 만족하며, 얼마나 자유롭게 살고 있는가의 문제입니다. 돈이 많아도 늘 불안하다면, 그것은 진정한 부가 아닐 겁니다. 반대로 돈이 적더라도 내가 원하는 삶을 선택할 수 있다면, 그 삶이야말로 진짜 부의 형태일 것입니다.

고등학교 시절, 돈 때문에 잠을 이루지 못하던 때가 있었습니다. 계산기를 두드리며 생활비를 맞추고 통장 잔고를 확인하며 돈을 마련할 궁리에 불안하던 날들. 그때 제게 부란 오직 '안정'이었습니다. 당장의 불안을 잠재워 줄 돈이 필요했고, 돈은 이번 달을 무사히 넘길 수 있을지를 알려 주는 신호였습니다. 시간이 흘러 안정된 직장을 얻고, 조금씩 여유가 생기자, 제 안의 다른 질문이 고개를 들었습니다. "이게 정말 내가 원하는 삶일까?" 생활은 나아졌지만, 마음 한구석의 갈증은 채워지지 않았습니다. 그때 깨달았습니다. 부족해서 불안한 것이 아니라 방향이 없어서 불안했던 것임을.

그 물음은 제 삶의 방향을 바꾸어 놓았습니다. 평생직장이라는 안정의 궤도를 벗어나, 진짜 내가 원하는 삶을 향해 나아가기로 결심했습니다. 처음엔 그 자유의 시점을 공무원이 된 지 10년 차가 되는 2030년으로 정했습니다. 그러나 지난 2년여의 시간을 지나며, 그 기간을 채우는 일이 오히려 제 삶의 목표를 지연시키고 있다는 결론에 이르렀습니다. 꿈을 위한 여정과 직장생활을 병행하는 데에는 분명한 한계가 있었습니다. 안정된 수입이 주는 편안함 뒤에는 늘 시간의 결핍이 있었고, 그 결핍은 제 꿈의 속도를 조금씩 늦추고 있었습니다.

그래서 결심했습니다. 2026년 3월 1일에 맞춰 퇴사하기로. 회사에 의존하지 않아도 스스로 삶의 방향을 결정하겠다고 선언하는 날, 아직 모든 준비가 끝나지 않았더라도 이제부터는 내 삶의 주인이 되겠다고 다짐하는 시작점입니다. 안정을 내려놓고 자유를 선택하는 날, 이날을 저는 '나의 독립기념일'이라 부르기로 했습니다.

누군가에게는 무모해 보일지 모르지만, 제게는 오히려 원하는 삶을 살 수 있는 부의 본질을 실현하는 선택입니다. 퇴사 후 일정 기간은 분명 불안할 것입니다. 안정적인 현금 흐름은 사라질 것이고, 매달 다시 계산기를 두드려야 할지도 모릅니다. 그럼에도 저는 압니다. 그 불안 속에서도 마음만큼은 충만할 것임을. 왜냐하면 단지 돈을 위해서가 아니라 내가 원하는 삶을 위해 스스로 선택한 길이기 때문입니다.

돈이 있어도 방향이 없으면, 인생은 멈추지 않는 회전목마와 같습니다. 어디론가 가는 것처럼 보이지만, 사실은 제자리에서 같은 풍경만 반복합니다. 그래서 저는 무엇을 위해 일하고 싶은지, 내가 진정 추구하는 가치는 무엇인지부터 다시 물었습니다. 그렇게 나답게 사는 법을 하나씩 찾아가자, 자연스럽게 돈의 쓰임도 달라졌습니다. 돈은 목표가 아니라 내가 정한 방향으로 삶을 움직이는 연료임을 알게 된 것입니다. 삶의 방향을 세운다는 것은 결국 돈의 목적을 다시 정의하는 일입니다.

단지 돈 때문에 선택한 길은 오래가지 못합니다. 처음엔 괜찮은 것 같아도, 시간이 지날수록 버거워지기 마련입니다. 의미를 찾지 못하는 일은 아무리 돈을 많이 벌어도 결국 공허함을 남깁니다. 반대로 명확한 목적과 방향이 있을 때는 다릅니다. 힘들어도 버틸 수 있고, 더디게 가도 포기하지 않을 수 있습니다. 어디로 가고 있는지 알기 때문입니다.

처음에는 '자유'라는 단어 하나로 막연하게 출발했습니다. 하지만 '자유로운 삶'이라는 말은 너무 추상적이었습니다. 그래서 작은 질문들을 스스로에게 던지기 시작했습니다.

"내가 가장 행복한 순간은 언제인가."

"10년 후 나는 어떤 모습으로 살고 싶은가."

"죽기 전에 꼭 해보고 싶은 일은 무엇인가."

이런 질문들에 답해 가는 과정에서 저는 분명한 사실 하나를 깨달았습니다. 진짜 투자는 돈이 아니라 나 자신에게 하는 투자라는 것. 시장의 흐름에 따라 오르내리는 자본보다 내 안에서 지속적으로 성장하는 능력이 훨씬 안정적이었습니다. 그래서 외부의 자본을 좇는 대신, 내 안에서 자본을 창출하는 힘을 키우기로 했습니다. 직장이라는 시스템에 의존하는 삶이 아니라 나 자신이 하나의 시스템이 되어 가치를 만들어내는 삶. 그것이 제가 선택한 새로운 투자 방향이었고, 제가 해야 할 '장기투자'였습니다. 그 과정이야말로 시간이 지날수록 복리로 커지는 가장 확실한 자산이었습니다.

그 무렵부터 저는 투자 공부에서 한발 물러나, 스스로를 계발하는 데 더 관심이 갔습니다. 돈이 자동으로 굴러가도록 시스템을 설계해 두고, 이제는 돈을 만들어내는 '능력' 자체를 키우는 데 집중했습니다. 그 시작이 전자책이었습니다. 처음에는 부수입을 만들 수 있는 가장 마음에 끌리는 일 중 하나로, 현실적인 시도였습니다. 그러나 글을 쓰는 과정에서 예상치 못한 성장의 경험이 찾아왔습니다.

쓰고, 지우고, 다시 쓰고, 또 지우고. 퇴근 후 피곤한 몸을 이끌고, 주말에는 하루, 온종일을 책상 앞에 앉아 글을 쓰는 일은 결코 쉽지 않았습니다. 어느 날은 "이걸 왜 하고 있지?"라는 생각도 들었지만, 그 고통 뒤에는 묘한 쾌감이 있었습니다. 한 문장을 완성했을 때 생각이 또렷하게 정리되는 순간, 흩어져 있던 경험들이 하나의 이야기로 이어지는 순간, 막연했던 개념이 구체적인 언어로 표현되던 순간. 그때마다 저는 성장의 에너지를 느꼈습니다. 창작의 고통 속에서도 글은 제 내면을 더 깊이 이해할 수 있게 해 주는 거울이었습니다. 그 과정을 통해 얻게 된 성취감은 단순한 만족을 넘어선, 자기 확신의 경험이었습니다. 돌이켜보면 그 모든 시간은 결국 저 자신에 대한 장기투자였습니다. 글쓰기는 저 자신과의 대화였고, 내면을 비추는 거울이었으며, 제가 살아온 시간을 의미로 재구성하는 작업이었습니다.

그 시간을 통해 저는 분명히 알게 되었습니다. 나는 '투자자'가 아닌 '창조자'로 살고 싶어 한다는 것을.

창조자는 없던 것을 만들어내고, 가치를 새롭게 창출하며, 세상에 없던 의미를 더합니다. 돈보다 더 큰 자본은 바로 이 창조 능력이었습니다. 내가 가진 역량을 끊임없이 계발하고, 그 능력으로 세상에 새로운 가치를 만들어내는 힘. 그것이야말로 진정한 자산이었습니다.

전자책을 쓰는 경험은 단순한 수익 활동이 아니었습니다. 그것은 나의 경험을 세상과 연결하는 일이었습니다. 그리고 그 길 위에서 저는 자연스럽게 종이책 집필로 한 단계 나아갔습니다. 처음에는 '언젠가 모든 일이 이루어진 후, 그때 한 권의 책을 내자.'라고만 생각했지만, 그 꿈은 예상보다 훨씬 빨리 현실이 되었습니다. 내 이름이 적힌 종이책을 처음 마주했을 때, 그리고 서점에서 제 책을 발견했을 때의 감격은 말로 다 표현할 수 없었습니다. 그것은 단지 책 한 권의 완성이 아니라 나에게 투자해 온 시간과 노력이 현실의 형태로 돌아온 순간이었습니다.

지금 저는 여전히 그 길 위에 서 있습니다. 2030년의 꿈을 이루기 위해 자본을 모으되, 그 중심에는 언제나 나에게 장기투자를 하는 삶이 있습니다. 회사를 벗어나도, 누군가의 시스템에 의존하지 않아도, 나로부터 자본이 창출되는 상태를 완성하기 위해 매일 조금씩 노력하고 있습니다. 이제 글은 단순한 표현의 도구가 아니라 삶을 설계하고 미래를 그려나가는 도면이 되었습니다. 오늘의 문장이 내일의 설계가 되고, 그 설계는 다시 현실이 됩니다.

꿈꾸는 2030년의 저는 시간적 여유를 가지고 본격적으로 읽고, 쓰고, 그리는 삶을 살고 있을 것입니다. 지금은 그 과정으로 가기 위한 길을 만드는 글을 쓰지만, 그때에는 문학적 깊이가 있는 글을 읽고, 쓰는 삶을 살고 싶습니다. 그런 글을 가능하게 할 내적 여유와 현실적 기반을 만들기 위해 오늘도 한 걸음씩 나아갑니다. 그 여정의 중심에는 언제나 변함없이, 나에게 장기투자를 하는 삶이 있을 것입니다.

예기치 못한 길, 또 하나의 설계가 되다

전자책을 시작으로 종이책까지 이어지던 시기, 저는 '책과강연'이라는 퍼스널브랜딩 그룹을 만나게 되었습니다. '책과강연'의 대표님은 일본 야구선수 오타니 쇼헤이의 성공 도구로 널리 알려진 만다라차트의 유일한 한국 코치이셨습니다. 이 만남은 제 인생을 다시 확장하는 전환점을 만들어 주었습니다.

제 첫 책에 담긴, 인생을 균형 있게 성장시키는 핵심 메시지와 만다라차트의 사고법은 놀라울 만큼 닮아 있었습니다. 제가 늘 목표를 세우고 실행해 온 철학과도 자연스럽게 이어졌습니다. 그 인연으로 저는 뜻 깊은 제안을 받게 되었고, 2025년 6월 21일, 한국 만다라차트 협회의 전략 파트너로 임명되었습니다. '책과강연'을 만나지 않았다면, 이 일은 제 인생 계획에 없던 길이었지만, 지금은 제 인생 설계의 또 하나의 중요한 축이 되었습니다.

만다라차트는 막연한 목표를 세우기 전에, 지금 무엇이 문제인지부터 정확히 바라보게 만드는 문제해결 사고 도구입니다. 가운데 중심 칸에는 해결하고 싶은 핵심 문제(또는 가장 중요한 목표)를 두고, 그 문제를 둘러싼 핵심 요소를 주변 8개의 칸으로 나누어 구조화합니다. 즉 중심 1칸과 주변 8칸으로 이루어진 3×3 구조 안에서 생각을 정리하는 방식입니다. 이후 주변 8개의 요소를 다시 구체적인 실천 단위로 세분화함으로써, 생각에 머물던 문제를 실제 행동으로 옮길 수 있도록 돕습니다. 복잡하게 얽혀 있던 고민을 한눈에 보이게 정리하고, 무엇부터 어떻게 해결해야 할지 스스로 판단하게 만드는 것이 만다라차트의 가장 큰 강점입니다. 만다라차트는 한 영역의 성과만을 좇기보다, 삶의 여러 영역을 균형 있게 바라보며 문제를 해결하도록 돕는 사고법입니다.

저는 이 구조가 단순히 목표를 이루는 데서 그치지 않고, 부를 설계하고 나아가 인생 전체를 설계하는 앞으로의 제 일에 있어 매우 실질적인 도구가 될 것임을 분명히 느끼고 있습니다. 그래서 이 도구를 제 삶과 일의 현장에 적용하며, 경험을 통해 검증하고 더욱 정교한 방식으로 발전시켜 나가고자 합니다. 이제 저는 만다라차트를 단순히 배우는 단계를 넘어, 초기 공인 코치로서 이 사고법이 삶의 현장에서 올바르게 활용될 수 있도록 전달하는 역할을 맡게 되었습니다. 그리고 이 방법이 계획으로만 머무르지 않고, 개인의 삶 속에서 실질적인 변화와 문제해결의 경험으로 이어지도록 돕는 일은 저의 또 하나의 분명한 사명이 되었습니다.

인생을 설계하다 보면, 모든 것이 계획대로 흘러가지는 않습니다. 길을 정하고 걸어가지만, 때로는 예상하지 못한 방향에서 새로운 길이 이어집니다. 그리고 그 길은 이전까지의 모든 설계를 다시 확장시키는 계기가 되곤 합니다. 제게는 그 예기치 못한 길이 바로 '책과강연'에서 이어진 만다라차트와의 만남이었습니다.

2030년을 향해 세워 온 저의 여정 또한 여전히 수정되고, 다듬어지고, 확장되고 있습니다. 하지만 분명한 것은 하나입니다. 방향이 있는 삶은 변화와 조정 속에서도 계속 더 나은 방향으로 흘러간다는 것입니다. 그 방향을 구체화하고, 매일의 실천으로 옮기는 데 필요한 도구가 바로 만다라차트입니다. 앞으로 저는 이 철학을 기반으로, 더 많은 사람이 자신만의 인생 설계도를 그릴 수 있도록 돕고자 합니다.

이제 저는 돈을 중심에 두지 않습니다. 물론 꿈을 짓기 위한 자본은 여전히 필요하지만, 돈은 삶의 구조를 완성시키는 재료로 존재합니다. 건축가가 벽돌을 보듯 저는 돈을 봅니다. 벽돌 자체가 목적이 아니라 그것으로 무엇을 지을 것인가가 중요한 것처럼요. 그래서 저는 수익률보다 삶의 완성도를 계산하고, 이윤보다 의미를 우선합니다. 포트폴리오를 짜듯 하루를 설계하고, 리스크를 분산하듯 내 에너지를 분배합니다. 이런 리듬은 어느 날 갑자기 만들어진 것이 아니라 오래도록 저를 지탱해 온 삶의 원칙이었습니다. 저는 늘 하루를 계획하고, 시간과 에너지를 조율하며 살아왔습니다. 그 습관이 자연스럽게 투자에도 스며들었고, 결국 깨달았습니다. 경제적 성장은 숫자로 드러나지만, 삶의 성장은 태도로 드러난다는 것을요. 돈을 키우는 능력보다 삶을 다루는 태도가 결국 저를 성장시키는 힘이 되었습니다. 부를 쌓는 사람은 많지만, 그 부를 오래 지탱하는 사람은 많지 않습니다. **돈을 다루는 법도 중요하지만, 그보다 더 중요한 것은 그 돈 위에 어떤 삶을 세우느냐 하는 것입니다.**

앞으로의 저는 작가로서, 강연가로서, CEO로서, 그리고 언젠가 화가로서 살아가고 싶습니다. 그것은 단순한 직업의 선택이 아니라 삶의 형태에 대한 선언입니다. 지금의 글쓰기는 그 방향으로 나아가기 위한 길을 닦는 일이며, 그 위에서 저는 여전히 제 삶의 구조를 설계하고 있습니다. 중요한 것은 완벽하지 않아도 방향이 맞다는 것, 그리고 매일 조금씩 나아가고 있다는 것입니다. 2030년, 제가 꿈꾸는 인생의 구조는 이미 머릿속에 그려져 있습니다. 그 안에는 자율적인 시간, 창작의 공간, 그리고 누군가에게 영감을 전하는 무대가 있습니다. 제가 걸어온 길이 누군가에게 용기가 되고, 제 목소리가 누군가의 어둠 속에서 작은 빛이 되는 순간들. 그 모든 것은 삶을 설계하는 철학에서 비롯된 것입니다. 저는 이제 나 자신에게 투자하는 삶을 넘어, 그 철학을 전달하는 삶을 살아가려 합니다. 그것은 단순히 나를 성장시키기 위한 노력이 아니라 제가 걸어온 길로 타인의 방향을 밝혀 주는 일이기도 합니다.

『부의 설계도』가 전하고자 하는 마지막 메시지는 분명합니다.

부의 여정은 돈으로 시작되지만, 결국 삶으로 완성됩니다. 돈을 벌고, 불리고, 지키는 모든 과정은 결국 '나는 어떤 인생을 짓고 싶은가?'라는 질문으로 귀결됩니다. 이 질문 없이 쌓아 올린 부는 공허합니다. 아무리 높은 건물이라도, 그 안에 살아갈 사람의 삶이 없다면 그저 텅 빈 구조물일 뿐입니다. 그러나 그 질문 앞에 진심으로 서는 순간 모든 것이 달라집니다. 당신은 투자자를 시작으로 인생의 설계자가 될 것입니다. 돈을 벌어 자유로워지는 것이 아니라 스스로의 성장을 설계하며 삶의 방향을 잃지 않을 때 진정한 자유에 도달할 수 있습니다. 그것이 제가 걸어온 여정이며, 당신이 앞으로 도달해야 할 부의 완공입니다.

당신의 설계도는 무엇입니까. 그 안에는 어떤 공간이 있고, 어떤 시간이 흐르며, 어떤 사람들이 머물고 있습니까. 이 질문에 답할 수 있다면, 당신은 이미 부를 이해한 사람입니다. 이제 남은 것은 단 하나, 그것을 실제로 지어나가는 일입니다.

PART 5 유지 보수

평생 성장하는 경제 독서 로드맵 30

부를 쌓는 일은 집을 짓는 일과 닮았습니다. 처음에는 기초를 다지고, 벽을 세우고, 지붕을 얹는 데 온 힘을 쏟습니다. 하지만 진짜 중요한 일은 그 이후입니다. 세월이 지나면 벽이 갈라지고, 문이 삐걱이고, 창문으로 바람이 새기 시작합니다. 그때 우리는 손에 연장을 들고, 다시 고치며 살아갑니다.

부의 구조도 다르지 않습니다. 한 번 세워 놓았다고 해서 평생 단단히 유지되는 것은 아닙니다. 세상이 변하면 기준도 바뀌고, 나의 인생 주기 역시 달라집니다. 20대에 세웠던 재무 구조가 40대에도 유효할 리 없고, 저금리 시대의 전략이 금리 인상기에도 통할 리 없습니다. 그래서 부의 설계는 '완성'이 아니라 '유지·보수'의 과정이며, 그 도구가 제게는 바로 책입니다. 책은 한 번의 깨달음으로 끝나지 않습니다. 시간이 지나 다시 펼칠 때마다 전혀 다른 문장으로 말을 걸고, 내가 지금 어디쯤 와 있는지를 점검하게 해 줍니다.

저는 그런 책들을 통해 삶의 방향을 다시 세우고, 사고의 틀을 확장하며, 때로는 낡은 믿음을 교체해 왔습니다.

이 장에 담긴 30권의 책은 단순한 목록이 아닙니다. 제가 돈의 구조를 배우고, 부의 철학을 세우며, 세상과 연결되는 감각을 넓혀 온 여정의 흐름입니다. 어떤 책은 막막했던 시기에 등대처럼 방향을 알려주었고, 어떤 책은 안일해지려는 저를 흔들어 깨웠습니다. 또 어떤 책은 제가 믿었던 것들을 무너뜨리며, 더 넓은 세계로 저를 이끌었습니다. 순서를 따라가다 보면 자연스럽게 부의 토대가 세워지고, 점차 인생의 구조가 확장되는 흐름을 느끼실 수 있을 것입니다.

다만, 이 30권의 목록은 완성이 아닌 출발점입니다. 이를 시작으로 해서 세상이 변할 때마다, 새로운 질문이 생길 때마다 또 한 권의 책이 당신의 설계도 위에 더해져야 합니다. 금리 · 정책 · 기술 · 인구 구조가 바뀔 때마다 그 변화의 흐름을 설명해 줄 새로운 책 한 권을 찾아 읽는 일, 그것이 바로 당신의 부를 지켜 주는 가장 확실한 유지 · 보수입니다. 핵심 고전으로 기초를 다지고, 변화의 순간마다 새로운 책으로 사고를 확장해 나간다면, 당신의 삶 역시 평생 성장하는 살아 있는 설계도가 될 것입니다. 앞으로의 세상은 더 빠르게 변할 것입니다. 하지만 흐름이 아무리 빨라도 본질은 변하지 않습니다. 책을 통해 배우고, 익히고, 다시 적용하는 사람은 어떤 시대에도 방향을 잃지 않습니다.

책으로 짓고, 책으로 보수하며, 책으로 성장하는 삶. 이것이 제가 『부의 설계도』의 마지막 장에 전하고 싶은 메시지입니다. 돈보다 오래 가는 자산은 결국 배움의 태도이며, 그 배움을 지속시켜 주는 가장 확실한 도구가 바로 책이니까요.

이제 이 30권의 책이 당신의 부를 지키고, 꿈의 무대를 더욱 넓혀 줄 것입니다. 한 권 한 권, 천천히, 그리고 깊이 읽어 나가시길 바랍니다. 그 여정 속에서 당신만의 단단한 부의 구조를 만들어 가게 될 것입니다.

부자의 습관을 잡아준 3권의 책

부의 설계를 시작한다는 것은 단순히 돈을 버는 기술을 배우는 일이 아닙니다. 그것은 삶의 방향을 스스로 설계하고, 그 설계가 흐트러지지 않도록 관리하는 일입니다. 그리고 그 출발점은 언제나 습관입니다.

습관은 매일의 작은 행동을 쌓아 나를 원하는 방향으로 이끄는 보이지 않는 시스템입니다. 거창한 결심이 아니더라도, 하루의 작은 선택들이 반복될 때 그것은 어느새 인생의 궤도를 바꾸는 힘이 됩니다. 한 번의 열정보다 더 강한 것은 꾸준히 지속되는 일상의 힘이기 때문입니다.

많은 사람이 언제 시작하느냐를 고민하지만, 진짜 중요한 건 한 번 시작한 일을 얼마나 오래 유지할 수 있는가입니다. 습관은 의지의 문제가 아니라 구조의 문제입니다. 좋은 습관은 내가 매일 다시 다짐하지 않아도 나를 앞으로 움직이게 만듭니다. 그것이야말로 부의 설계를 지탱하는 가장 현실적이고 강력한 힘입니다.

저 역시 이 여정에 들어서기 전까지는 '꾸준함'의 가치를 머리로만 이해하고 있었습니다. 하지만 지난 2년 동안 매일 새벽을 깨우며 체력 관리와 독서를 습관으로 만들면서, 그 꾸준함이 단순한 자기관리 이상의 힘이라는 걸 깨달았습니다. 운동을 통해 몸의 리듬을 세우고, 책을 통해 생각의 리듬을 세웠습니다. 그 두 가지 리듬이 맞물리자, 삶의 방향이 명확해졌고 어떤 변화가 와도 다시 제자리를 찾아가는 질서가 생겼습니다. 습관이 하루를 다스리기 시작하면서, 하루가 인생을 바꾸기 시작했습니다.

'새벽마다 책을 읽어야지.' 하고 다짐하지 않아도 이미 책을 펼치고 있고, 운동해야지 큰 결심을 하지 않아도 어느새 몸이 먼저 반응하는 사람들. 그들은 자신을 설득하지 않습니다. 이미 '움직이는 시스템'을 만들어 두었기 때문입니다. 재테크 감각이나 투자 지식, 경제적 판단력 같은 것들은 사실 그다음입니다. 이 모든 것은 결국 일상의 기반 위에서 자라납니다. 하루의 시작과 끝을 다스릴 수 있는 사람이 시장의 파도와 인생의 리듬을 함께 조율할 수 있게 됩니다.

스스로의 시간을 설계하지 못하면, 결국 타인의 시스템 안에서 살아가게 됩니다. 그래서 부를 만든다는 것은 곧 자신의 시간을 회복하는 과정이기도 합니다. 그 시간을 붙잡는 첫 단계가 바로 '습관'입니다.

이 절에서 소개할 세 권의 책은 그 시간을 회복시키는 동시에 삶을 지탱하는 시스템을 세워 주는 나침반입니다. 이 책들은 당신에게 부자가 되는 방법을 가르치기 전에, 부자가 될 수 있는 습관과 시스템을 먼저 만들어줄 것입니다. 작은 행동이 쌓여 큰 변화를 만드는 원리를 보여주고, 평범한 사람이 어떻게 비범한 결과를 만들어낼 수 있는지를 증명합니다.

좋은 습관은 단순히 반복되는 행동이 아닙니다. 그것은 나를 신뢰하는 능력이며, 하루를 지탱하는 질서이자, 삶을 꾸준히 나아가게 하는 리듬입니다. 습관이 단단해질수록 우리는 외부의 유혹이나 불안에 덜 흔들리게 됩니다. 시장이 폭락해도, 사업이 어려워져도, 그들은 자신의 리듬을 잃지 않습니다. 왜냐하면 그 리듬은 외부 상황이 아니라 내면의 습관에서 나오기 때문입니다. 돈은 흔들릴 수 있지만, 습관은 나를 붙잡아 줍니다.

습관을 세운다는 것은, 단지 생활을 정돈하는 일만이 아닙니다. 그것은 내 삶의 작가가 되는 일입니다. 누군가 써놓은 각본을 따라 사는 인생이 아니라 내가 직접 문장을 써 내려가는 삶. 그 문장들이 모여 단락이 되고, 장이 되고, 결국 한 권의 책이 됩니다. 그 책의 제목이 바로 '나의 인생'입니다.

리듬이 생기면 생각이 맑아지고, 에너지가 한곳으로 모입니다. 흩어져 있던 조각들이 하나의 그림으로 모이기 시작합니다. 그때 비로소 내가 어디로 가고 있는지, 무엇을 향해 걷고 있는지가 보입니다. 이것이 제가 『부의 설계도』의 마지막 장을 여는 첫 단계로 습관을 선택한 이유입니다.

변화는 거창한 결심에서 오지 않습니다. 매일 아침 30분 일찍 일어나는 것, 잠들기 전 10분 독서하는 것, 하루 중 30분 운동하는 것. 이 단순한 반복이 결국 부의 설계의 기초가 됩니다.

그 작은 선택들이 쌓여 1년 후의 나를 만들고, 그 1년 후의 내가 10년 후의 나를 결정합니다. 이 책들이 당신의 삶 속에서도 단단한 뿌리를 내려, 흔들리지 않는 하루를 만들고, 그 하루가 모여 꾸준히 성장하는 부의 시스템으로 자리 잡기를 바랍니다. 작은 습관이 모여 당신의 인생 전체를 새롭게 설계해 줄 것입니다.

| 습관의 힘 | 찰스 두히그 | 갤리온

부의 설계를 시작하는 첫 단계에서 가장 중요한 것은 거창한 목표가 아니라 작은 습관입니다. 그리고 그 습관의 구조를 이해하는 것이 무엇보다 필요합니다. 찰스 두히그의 『습관의 힘』은 습관이 작동하는 원리를 밝혀 주는 책입니다. 우리가 왜 같은 행동을 반복하고, 왜 나쁜 습관은 쉽게 끊어지지 않는지를 '신호 – 반복 행동 – 보상'이라는 단순하지만 강력한 구조를 통해 설명합니다.

우리는 누구나 좋은 습관을 갖길 바라지만, 동시에 고치지 못한 습관 앞에서 자주 무너집니다. 새해마다 다이어리에 결심을 빼곡히 적어보지만, 얼마 지나지 않아 다시 익숙한 패턴으로 돌아가곤 합니다. 하지만 이 책에 의하면 습관은 바꿀 수 없는 운명이 아니라 구조를 이해하면 충분히 바꿀 수 있는 시스템이라고 말합니다.

이 책에서 가장 기억에 남는 메시지는 단 하나의 핵심 습관에 집중하라는 점이었습니다. 많은 습관을 동시에 바꾸려 애쓰기보다 단 하나의 습관을 중심에 세우면 그 변화가 나머지 삶에 연쇄적으로 영향을 미친다는 것입니다. 저에게 그 핵심 습관은 바로 새벽 기상이었습니다. 이 한 가지 습관 덕분에 독서와 글쓰기, 운동, 자기관리가 자연스럽게 따라왔습니다. 그리고 하루의 나머지 습관들도 물 흐르듯 이어졌고, 하루가 흔들리지 않는 시스템으로 자리를 잡았습니다. 결국 새벽 기상이라는 한 가지 습관이 제 삶의 구조를 바꾸는 출발점이 된 것입니다.

『습관의 힘』은 단순히 행동을 바꾸는 법을 알려주는 책이 아닙니다. 삶의 패턴과 시스템을 이해하게 해 주는 책입니다. 부의 설계를 본격적으로 시작하기 전, 이 책을 통해 먼저 '나의 습관 구조'를 들여다보는 것, 그것이 변화의 첫 단계가 될 것입니다. 나를 바꾸는 첫 단계는 언제나 '습관'을 이해하는 데서 시작되기 때문입니다. 핵심 습관 하나가 인생을 바꿉니다. 그리고 그 변화의 시작은 거창한 결심이 아니라 매일의 작고 꾸준한 반복에서 비롯됩니다.

| 아주 작은 습관의 힘 | 제임스 클리어 | 비즈니스 북스

찰스 두히그의 『습관의 힘』이 습관이 어떻게 작동하는지 작동 원리를 알려주는 책이었다면, 제임스 클리어의 『아주 작은 습관의 힘』은 습관을 어떻게 바꿀 것인지를 구체적이고 유용한 방법으로 제시하는 책입니다. 작고 단순한 행동들이 어떻게 인생의 방향을 바꾸는지를 명확하게 보여줍니다.

부는 단숨에 쌓이는 것이 아니라 작고 단순한 행동들이 반복되며 단단한 시스템을 만드는 과정입니다. 이 책은 그 기초를 세우는 구체적이고 현실적인 방법을 알려줍니다.

가장 큰 깨달음은 습관의 변화는 결과나 과정이 아닌, '정체성'의 변화에서 시작된다는 점이었습니다. 내가 어떤 사람이라고 믿는지가 행동에 큰 영향을 미치기 때문에, 결국 습관을 바꾸려면 신념 체계를 먼저 바꿔야 한다는 사실을 깨달았습니다.

우리는 흔히 목표를 세울 때 "매일 새벽에 일어나겠다.", "꾸준히 운동하겠다.", "꾸준히 글을 쓰겠다."와 같은 행동만을 떠올립니다. 하지만 정작 사람을 움직이게 하는 것은 '믿음'입니다. 자신을 바라보는 방식을 바꾸는 일, 바로 그 순간부터 습관은 자연스럽게 만들어집니다.

"나는 새벽형 인간이다." "나는 건강 관리를 하는 사람이다." "나는 글을 쓰는 사람이다." 이렇게 정체성을 먼저 세우자, 해야 한다는 의무감이 아닌, "나는 그런 사람이다."라는 확신이 자연스럽게 행동의 원동력이 되었습니다.

책에서는 하루 1%의 변화가 1년 후 37배의 성장을 만든다고 말합니다. 이 단순한 원리는 부의 설계 역시 하루의 작은 행동에서 출발해야 함을 일깨워주었습니다. 오늘의 사소한 선택이 내일의 기반이 되고, 그것이 쌓여 시간이 지나면 단단한 시스템이 됩니다. 돈을 다루는 기술보다 먼저, 자신을 다루는 힘을 길러야 합니다. 정체성이 바뀌면 행동이 바뀌고, 행동이 바뀌면 결국 삶의 방향이 바뀝니다. 오늘 세운 작은 습관 하나가 내일의 '부'의 기초가 됩니다. 부의 설계를 시작하는 지금, 이 책은 당신의 삶에 단단한 벽돌이 되어 줄 것입니다.

| 더 시스템 | 스콧 애덤스 | 베리북

스콧 애덤스의 『더 시스템』은 우리가 지금까지 당연하게 여겨왔던 목표 중심의 사고를 뒤흔드는 책입니다. 우리는 늘 목표를 세우고, 그것을 이루기 위해 달려왔습니다. 예를 들어 1억 모으기, 내 집 마련하기처럼 말이죠.

하지만 애덤스는 전혀 다른 관점을 제시합니다. 그는 목표는 패자들이 세우는 것이고, 승자는 시스템을 설계한다고 말합니다. 목표는 도달하기 전까지 늘 성공하지 못한 상태에 우리를 머물게 합니다. 목표를 향해 달리는 동안 우리는 끊임없이 부족함을 느끼고, 목표를 이루는 순간에는 오히려 허무함이 찾아옵니다. 그러나 시스템은 다릅니다. 목표가 언젠가 도착할 곳을 향한 일회성의 여정이라면, 시스템은 매일 지속 가능한 과정 그 자체입니다. 매일 ETF 투자하기, 매일 금 모으기처럼, 작지만 단단한 구조를 꾸준히 쌓아 나가는 것이 바로 시스템입니다.

이 책을 읽으며 저는 목표와 시스템의 관계를 새롭게 바라보게 되었습니다. 목표를 세우는 일은 여전히 제게 중요합니다. 하지만 목표만에 치중한 생각은 목표 달성 이후의 삶을 흐트러뜨립니다. 예를 들어, 부자가 되는 것만이 목표인 사람은 목표를 달성한 순간부터 부를 탕진하기 시작할지도 모릅니다. 이는 부를 이루기 위한 시스템인 소비 관리, 투자 루틴, 공부 습관 등이 함께 세워지지 않았다면, 다시 처음으로 되돌아가기 쉽기 때문입니다. 진짜 변화는 이루는 것보다 지속하는 것에서 증명됩니다.

어떤 책이든 자기 자신에게 필요한 방식으로 적용하면 된다고 생각합니다. 저는 이제 목표를 세울 때, 그 목표를 지탱해 줄 시스템을 함께 설계합니다. 성공은 목표를 달성하는 단 한 번의 순간이 아니라 시스템 속에서 살아가는 매일의 과정임을 알게 되었습니다.

결국 성공은 매일 반복되는 행동이 만들어내는 결과입니다. 단기적인 성취보다 지속 가능한 구조를 만드는 일, 그것이 진정한 성공의 출발점입니다. 부의 설계 또한 하루아침에 완성되는 일이 아닙니다. 매일 반복되는 시스템 속에서 자신을 단련하고 성장시켜 나가는 과정입니다. 그 여정의 한가운데서, 이 책은 우리에게 '꾸준히 살아내는 힘'을 선물해 줄 것입니다.

부의 세계를 믿게 해 준 3권의 책

가난 속에서 자란 저는 늘 이렇게 생각했습니다. "열심히 살면 언젠가 더 나은 삶을 살 수 있겠지." 하지만 그 '언젠가'는 쉽게 오지 않았습니다. 안정적인 월급을 받으며 부족하지 않을 만큼 사는 삶이 현실적으로 가능한 최선이라 믿었습니다. 원래 부자가 아닌 이상, 평범한 사람에게 부는 너무 멀고, 특별한 재능을 가진 사람만이 누릴 수 있는 것이라 여겼습니다. 그런데 시간이 지나며 깨달았습니다. 가난은 단지 돈이 없는 상태가 아니라 가능성을 믿지 못하는 마음의 상태였다는 것을요. 언젠가 더 나은 삶을 살 수 있다고 믿으면서도, 그 '나은 삶'의 크기를 스스로 제한하고 있었습니다.

이 절에서 소개할 세 권의 책은 바로 그 생각의 틀을 깨뜨려 준 책들입니다. 이 책들을 통해 저는 "큰 부자는 하늘이 내리지만, 작은 부자는 스스로 만든다."라는 말의 뜻을 비로소 이해하게 되었습니다. 부의 세계는 선택된 몇몇 사람들의 영역이 아니라 지식과 시스템으로 설계할 수 있는 삶의 구조였습니다. 배우고 익히면 누구나 도달할 수 있다는 사실을 처음으로 믿게 되었습니다.

그전까지 저는 정년과 월급이 곧 안정이라고 믿었습니다. 하지만 그 '안정'은 인플레이션 앞에서 쉽게 닳아 없어지는 위장된 안정이었습니다. 통장에 돈이 들어와도 스쳐지나가는 것처럼 사라지고, 저는 여전히 시간과 삶의 주도권을 잃고 있었습니다. 이때 배운 가장 큰 전환은 이것입니다. 진짜 부자는 돈으로 시간을 산다는 사실입니다. 내가 일을 해서 돈을 버는 단계에서, 돈이 나 대신 일하는 구조로 옮겨갈 때 비로소 삶의 방식이 달라집니다.

부자가 된다는 것은 단순히 돈을 많이 버는 것이 아니라 삶의 방식을 바꾸는 일이었습니다. 이전까지 저는 시간을 돈으로 바꾸며 살았습니다. 더 오래 일하면 더 나은 결과가 올 거라 믿었지만, 현실은 달랐습니다. 돈은 잠깐 남고, 시간은 영영 사라졌습니다. 하지만 이 책들을 통해 깨달았습니다. 진짜 부자는 돈으로 시간을 산다는 사실을요. 돈이 나를 대신해 일하게 만들 때, 비로소 진짜 부의 세계로 들어갈 수 있습니다.

또한, 이 책들은 부가 재능의 결과가 아니라 선택의 결과임을 일깨워 주었습니다. 많은 사람이 부자가 되고 싶다고 말하면서도 정작 부자의 선택을 하지 않습니다. 익숙한 불안을 견디는 편이 변화를 감당하는 두려움보다 낫다고 믿기 때문입니다.

하지만 이 책들은 분명히 말했습니다. "부자가 되려면 다르게 생각하고, 다르게 행동해야 한다." 부의 세계를 믿는다는 것은 막연한 희망이 아니라 새로운 선택을 감당할 용기를 갖는 일이었습니다.

무엇보다 이 책들은 평범한 사람도 충분히 가능하다는 확실한 증거를 보여주었습니다. 저자들 역시 평범한 직장인이었고, 실패와 좌절을 지나온 사람들이었습니다. 그들이 달랐던 점은 할 수 없다는 이유 대신 할 수 있는 방법을 찾았다는 것입니다. 믿음이 생각을 바꾸고, 생각이 행동을 만들고, 행동이 결국 결과를 바꿨습니다. 그 과정을 보며 저는 깨달았습니다. 부는 운명이 아니라 방향을 정하는 순간부터 시작되는 여정이라는 것을요. 그들의 실천 속에서 저는 처음으로 '나도 할 수 있겠다.'라는 믿음을 갖게 되었습니다. 그것은 추상적인 희망이 아니라 구체적인 경로를 가진 믿음이었습니다. 이 세 권의 책은 재테크 입문서가 아니라 경제적 자유를 꿈꾸는 이들이 반드시 통과해야 할 관점의 문입니다. 이제 당신도 그 문 앞에 서 있습니다.

혹시 아직도 "나에게는 불가능한 일"이라고 생각하고 계신가요? 그렇다면 이 세 권의 책이 당신에게 새로운 증거가 되어 줄 것입니다. 부는 특별한 사람에게만 주어지는 운명이 아닙니다. 오늘의 선택과 생각의 전환으로 충분히 스스로 설계할 수 있는 결과입니다. 오늘의 생각과 결심이 내일의 현실이 됩니다. 이제, 당신 안에도 그 믿음의 씨앗이 심어질 차례입니다. 그 씨앗이 자라 당신의 삶을 바꾸고, 언젠가 누군가에게 '나도 할 수 있겠다.'라는 또 하나의 증거가 되기를 바랍니다.

| 엑시트 | 송희창(송사무장) | 지혜로

2년 전, 부의 설계 여정을 시작한 제게 가장 큰 전환점이 되어 준 책이 있습니다. 바로 송 사무장님의 『엑시트』입니다. 처음엔 막연히 경제 및 재테크 서적을 읽어만 가던 저를, 부의 세계를 믿고 실행으로 이끌었던 책입니다. 평범한 사람도 부자가 될 수 있다는 믿음을 처음으로 제 안에 심어주었습니다. 이전에 읽었던 책들은 저와는 출발선이 다른 사람들 이야기 같았습니다. 그러나 송 사무장님은 달랐습니다. 그의 문장에는 진정성이 있었고, 그의 삶은 철저히 현실에 발을 딛고 있었습니다.

나이트클럽 아르바이트로 시작해 월급 200만 원 중 190만 원을 저축하며, 단 10만 원으로 생활을 이어가던 그가, 결국 수백억 원의 자산가가 되었던 과정은 신화가 아니라 노력의 기록이었습니다. 그는 누구나 3년의 시간을 혹독하게 보내면 부자가 될 수 있다고 말합니다. 그 말은 단순한 동기부여가 아니라 실제로 자신이 증명해 보인 삶의 결론이었습니다.

그때부터 저도 한 달 30만 원으로 생활하며 돈을 모으기 시작했습니다. 처음에는 부족했지만, 점차 익숙해졌고, 나중에는 오히려 남는 상태에 이르렀습니다. 그 시기에 몸에 밴 경제 습관은 지금까지도 제 삶을 지탱해 주는 기반이 되었습니다. 이제는 일부러 절약을 의식하지 않아도, 불필요한 소비는 자연스럽게 멀어졌습니다.

'사람은 자신이 그린대로의 삶을 산다'라는 송 사무장님의 이 문구를 철학 삼아 제 블로그 소개 글 첫 줄에 2년 동안 적어 두기도 했습니다. 그만큼 이 책이 제게 남긴 메시지는 '믿음'의 힘이었습니다. 송 사무장님이 그랬듯, 저 역시 제 가능성을 믿기 시작했습니다. 평범한 사람도, 출발선이 남들보다 뒤에 있는 사람도, 방향만 올바르면 얼마든지 인생의 엑시트를 할 수 있다는 믿음이 생겼습니다.

『엑시트』는 제게 '부의 세계로 향하는 첫 문'을 열어 준 책입니다. 부의 설계를 시작하는 사람이라면, 이 책으로부터 그 믿음을 먼저 얻기를 권합니다. 당신이 지금 어디에 있든, 무엇을 하든, 이 책은 한결같이 이렇게 속삭일 것입니다. 누구나 3년만 진심으로 노력하면 인생을 바꿀 수 있다고. 그 믿음이 바로, 당신을 움직이게 만들 것입니다.

| 월급쟁이 부자로 은퇴하라 | 너나위 | 알에이치코리아(RHK)

『월급쟁이 부자로 은퇴하라』의 저자는 처음부터 부자가 되겠다는 목표를 세운 사람이 아니었습니다. 그의 출발점은 누구에게나 필요한 노후 대비였습니다. 그 이유가 지극히 현실적이었기에 더 공감이 되었고, 무엇보다 납득이 갔습니다. 부자가 되는 것은 선택일 수 있지만, 노후 준비는 누구도 피할 수 없는 생존의 문제이기 때문입니다. 저자는 바로 이 현실적인 필요를 자본주의의 구조와 연결 지어 설득력 있게 풀어냈습니다.

그는 잘나가는 대기업 과장이었습니다. 하지만 성실함으로 인정받던 그에게 예기치 못한 충격이 찾아옵니다. 존경하던 선배가 하루아침에 회사의 권고로 퇴직당한 사건이었습니다. 그 순간, 회사는 나를 지켜주지 않는다는 사실을 깨닫게 되고, 그것이 경제적 자립의 출발점이 됩니다.

그 후로 그는 퇴근 후 늦은 시간까지 부동산 현장을 다니며 저평가된 아파트를 찾아다녔습니다. 송 사무장님이 경매라는 방법으로 부를 만들어 갔다면, 너나위님은 저평가된 아파트로 부를 만들어 갔습니다. 두 사람의 방식은 조금 달랐지만, 공통점은 분명했습니다. 둘 다 자본이 스스로 일하게 만드는 시스템을 구축했다는 점입니다. 노후 준비라는 현실적인 필요에서 출발했지만, 결국 그는 스스로의 시스템을 통해 월급쟁이 부자로 은퇴했습니다.

처음엔 돈 잘 버는 대기업 과장이라는 점이 나와는 다른 출발선이라 여겼지만, 그가 한 노력과 투자 방법들은 특별한 사람이기에 가능했던 일이 아니었고, 월급쟁이 부자로 은퇴하는 삶의 가능성을 느끼게 해 주었습니다. 나 역시 만들어 갈 수 있는 현실임을 믿게 되었습니다.

이 책은 현실을 직시하게 하고, 회사가 나를 책임져 주지 않는다는 사실을 깨닫게 합니다. 그로 인해 자신의 힘으로 삶을 지켜내기 위한 준비를 시작하게 만듭니다. 그 과정이 평범한 월급쟁이도 가능한 방법이기에 누구든 시작할 마음을 얻을 수 있을 것입니다.

| 역행자 | 자청 | 웅진지식하우스

『역행자』의 저자 자청은 특별한 배경도, 자본도, 인맥도 없는 청년이었습니다. 오히려 하루 종일 방구석에서 게임만 하며 평생 월

200만 원도 벌지 못할 것이란 생각으로 살던 사람이었습니다. 그랬던 그가 인생에도 게임처럼 7단계 인생 공략집이 있음을 깨닫고 삶을 완전히 바꿔나가기 시작합니다. 외모도, 지능도, 경제력도, 삶의 대부분을요.

인간의 본성이 유전자의 명령과 환경의 흐름에 따라 반복적인 삶을 사는 것이라면, 그 본성을 '역행'하는 순간부터 비로소 인생을 주도할 수 있고, 진정한 자유를 얻을 수 있다고 말합니다. 그가 말하는 자유는 단지 돈을 많이 버는 상태만이 아니라 돈과 시간 그리고 운명에 휘둘리지 않는 주체적인 태도를 말합니다.

이 책에서 가장 크게 공감했던 부분은 그가 말하는 자유의 시작이, 자기 자신을 바꾸고 성장시키는 일이라는 점입니다. 그 변화의 핵심은 '22전략', 즉 2년 동안 매일 2시간씩 책을 읽고 글을 쓰는 루틴이었습니다. 이 습관이 결국 그의 인생을 완전히 바꾸어 놓았습니다.

한창 책을 읽기 시작하던 시기, 이 22전략은 제게도 삶을 바꿀 수 있는 강력한 방법임을 확신하게 되었습니다. 또한 부의 설계는 돈만이 아닌, 결국 자기 설계에서 시작된다는 것을 깨닫게 되었습니다. 이 책은 단지 성공의 비밀을 알려주는 책이 아닙니다. 스스로를 변화시키는 힘, 그리고 자신의 인생을 다시 설계할 수 있다는 믿음을 일깨워주는 책입니다.

『역행자』는 제게 부의 세계를 단순히 돈을 버는 세계가 아니라 나를 성장시키는 세계로 바라보게 해 주었습니다. 지금 자신의 출발선이 어디든, 나도 변할 수 있고 다른 삶을 살 수 있다는 믿음을 갖게 해주는 책. 그 믿음이야말로 모든 여정의 가장 중요한 첫걸음입니다.

부자의 사고방식을 배운 5권의 책

많은 사람이 부자가 되기를 원하지만, 정작 '부자의 생각'을 배우려 하지는 않습니다. 돈을 버는 기술과 투자 정보를 찾는 데는 열심이지만, 그 돈을 움직이게 하는 사고의 구조에는 좀처럼 눈을 돌리지 않습니다. 그래서 현실은 조금도 변하지 않습니다. 같은 정보를 들어도 어떤 사람은 즉시 행동으로 옮기고, 또 어떤 사람은 망설입니다. 같은 기회를 마주해도, 한 사람은 가능성을 보고 나아가지만, 다른 한 사람은 위험을 먼저 떠올리며 물러섭니다. 이 차이를 만드는 것은 재능이나 운이 아닌 바로 사고방식입니다. 하나는 '위험'을 먼저 보고, 다른 하나는 그 속의 '기회'를 먼저 바라봅니다. 하나는 잃을 것을 생각하지만, 다른 하나는 얻을 수 있는 가능성을 생각합니다. 같은 세상을 보지만, 전혀 다른 결론을 내리는 것이죠.

'부자의 사고방식'이란 돈을 다루는 기술보다 먼저, 현실을 해석하는 관점을 새로 짜는 일입니다. 돈을 두려움의 대상으로 볼 것인가, 가능성의 도구로 볼 것인가. 실패를 끝으로 받아들일 것인가, 배움의 과정으로 삼을 것인가. 이 해석의 각도가 달라지는 순간, 같은 현실 속에서도 전혀 다른 길이 열립니다.

부자들은 위험을 피하려 하지 않고, 관리합니다. 불확실성을 두려워하기보다 원칙으로 다루며, 돈을 버는 방법보다 돈이 스스로 일하도록 만드는 구조를 고민합니다. 가난은 단지 돈이 없는 상태가 아니라 가능성을 의심하는 사고방식에서 비롯된다는 것을 대부분 너무 늦게 깨닫습니다.

이 절에서 다룰 다섯 권의 책은 바로 그 생각의 벽을 넘어설 수 있도록 도와주는 책들입니다.

사람은 자신이 믿는 방향으로 살아갑니다. "나는 할 수 없다."라는 생각은 행동을 멈추게 하고, "나는 할 수 있다."라는 믿음은 길을 찾게 합니다. 사고방식이 바뀌면 감정이 달라지고, 감정이 달라지면 행동이 달라집니다. 그리고 그 행동이 결국 삶의 구조를 새로 짓습니다. 수많은 사람이 열심히 살아도 제자리에 머무는 이유는, 방법이 부족해서가 아니라 생각의 틀을 교체하지 못했기 때문입니다.

'나는 원래 이런 삶을 살 수밖에 없어.'라는 무의식이 인생의 한계를 결정합니다. 하지만 '나는 내 삶을 새로 설계할 수 있어.'라는 믿음을 품는 순간부터 부의 시스템은 천천히 작동하기 시작합니다.

부자의 사고방식은 단순히 무조건적인 긍정이 아닙니다. 오히려 냉정한 현실 인식 위에서 비롯된 현실감각입니다. 그들은 감정의 파도에 휩쓸리지 않기 위해 자신만의 기준을 세우고, 외부의 소음보다 자신의 원칙을 따릅니다. 더 많이 버는 법보다 더 현명하게 다루는 법을 고민하고, '소비'보다 '자유'를 선택합니다. 돈은 단순히 숫자가 아니라 스스로의 시간을 되찾는 도구라는 사실을 알고 있기 때문입니다.

이 절에서는 그런 사고의 전환을 돕는 다섯 권의 책을 다룰 것입니다. 이 책들을 읽다 보면 부가 단순히 돈을 모으는 목표가 아니라 생각의 방향임을 깨닫게 될 것입니다. 가난한 사고방식은 현실을 두려워하지만, 부자의 사고방식은 현실을 설계합니다. 가난은 가능성을 스스로 제한하는 마음에서 시작되지만, 부는 가능하다고 믿는 범위를 넓혀 가는 데서 시작됩니다. 생각이 바뀌면, 세상을 해석하는 언어가 달라지고, 그 언어가 바뀌면 행동도 새롭게 정돈됩니다. 결국 부란, 돈의 크기가 아니라 사고의 크기에서 시작되는 여정입니다.

이 다섯 권의 책을 통해 당신은 돈을 바라보는 시선이 달라질 것입니다.

'열심히'보다 '효율적'으로를, '두려움'보다 '원칙'을, '노동'보다 '시스템'을 먼저 떠올리게 됩니다. 불확실한 세상 속에서도 중심을 잃지 않고, 자신의 시간과 에너지를 더 높은 가치에 투자하는 법을 배우게 됩니다. 부자의 사고방식을 배운다는 것은 단지 부자가 되기 위한 과정이 아닙니다. 그것은 나의 인생을 주도적으로 설계하기 위한 기본기를 다지는 일입니다.

이 책들은 당신 안의 낡은 설계도를 새롭게 그릴 수 있도록 도와줄 것입니다. 그 설계도에는 이제 결핍이 아닌 가능성이, 두려움이 아닌 확신이, 불안이 아닌 방향이 자리할 것입니다. 당신이 사고의 각도를 바꾸는 순간, 당신의 삶 또한 달라집니다. 그리고 그 순간, 당신의 부의 여정은 비로소 현실 위에서 단단히 작동하기 시작할 것입니다.

| 백만장자 시크릿 | 하브 에커 | 알에이치코리아 (RHK)

『백만장자 시크릿』은 부를 끌어당기는 17가지 사고방식과 행동 매뉴얼을 담은 책입니다. 단순히 부자가 되는 기술이 아닌, 부자가 되는 사람들의 사고방식과 내면의 구조를 보여줍니다. "왜 어떤 사람은 계속 부를 키워가고, 어떤 사람은 같은 노력을 해도 제자리일까?"라는 질문에 대해, 그 답은 운이나 외부 환경이 아닌, 생각의 구조에 있음을 일깨워줍니다. 아무리 좋은 투자법을 배워도 내 안의 무의식이 '나는 돈을 잃을지도 몰라.' '부자는 나와는 다른 사람이야.'라는 믿음을 품고 있다면, 그 생각의 한계가 결국 현실의 한계가 된다는 것이죠.

이 책은 17가지 부자의 마인드에 대해 제시하고 이를 거울을 보며 매일 선언할 수 있도록 행동 지침을 마련해 둔 책입니다. 이 책에서 제가 가장 깊이 받아들인 메시지는 '얼마나 가지느냐'보다 어떤 사람이 되느냐가 중요하다는 점입니다. 진정한 부는 돈의 크기가 아니라 성장의 지속성에 달려 있습니다. 부자는 절대 안주하지 않습니다. 계속 배우고, 확장하고, 자신을 다음 단계로 이끌어가는 사람들입니다.

저자는 수입의 10%를 스스로의 성장을 위해 사용하라고 말하며 '교육 통장'을 따로 만들라고 말합니다. 저는 저자의 조언에 따라 따로 돈을 모아 두며 강의, 책, 경험 등 무엇이든 자신을 성장시키는 일에 투자하고 있습니다.

『백만장자 시크릿』은 스스로의 생각을 부자의 사고로 바꾸는 훈련서이자, 자신의 한계를 다시 설정하게 만드는 사고의 설계도입니다. 지금 가진 것이 얼마인지는 중요하지 않습니다. 그보다 중요한 것은 내가 어떤 방향으로 성장하고 있는가입니다. "나는 어떤 사람이 되어가고 있는가?" 이 질문을 내 안에 심어 준 책. 이 책은 부의 여정을 시작한 모든 이들에게 그 출발선에서 가장 근본적인 마음의 나침반이 되어 줄 것입니다.

| 부자 아빠 가난한 아빠 | 로버트 기요사키 | 민음인

『부자 아빠 가난한 아빠』는 경제와 재테크 분야에서 전설처럼 회자되는 책입니다. 수많은 유튜버와 성공한 사람들의 인터뷰에서 반드시 읽어야 할 '부의 입문서'로 통합니다.

로버트 기요사키는 자신의 어린 시절, 두 명의 아버지를 통해 전혀 다른 삶의 방향을 보여줍니다. 공부를 열심히 했지만, 늘 경제적으로 쪼들렸던 '가난한 아버지', 그리고 정규 교육은 받지 못했지만, 돈의 원리를 이해해 부를 쌓은 '부자 아버지.' 두 사람의 대비를 통해 저자는 우리가 흔히 옳다고 믿는 경제적 상식이 얼마나 위험한 함정일 수 있는지를 보여줍니다.

책을 읽으며 저 또한 스스로에게 질문을 던졌습니다. "나는 지금 어느 쪽의 사고방식으로 살아가고 있는가?", "그리고 앞으로 어떤 방향으로 달라져야 하는가?" 돈을 위해 일하는 삶이 아닌, 돈이 나를 위해 일하게 만드는 구조를 만들어야 한다는 부자 아버지의 철학은 강렬한 인상을 남겼습니다.

이후 저는 저축이 전부라 믿던 사고에서 벗어났습니다. 단순히 돈을 모으는 것이 아니라 돈이 어떻게 움직이고 흘러가는지 이해하는 것, 그것이 진짜 금융지식이라는 사실을 배웠습니다. 돈의 흐름을 읽고 자산과 부채를 구분하며, 위험을 관리하는 힘이야말로 스스로의 경제를 세우는 기초 체력이라는 걸 깨달았습니다. 또한 주식이나 부동산 같은 자산을 통해 지출이 수입으로 이어지는 선순환 구조를 만드는 것이 필요하다는 생각이 자리 잡았습니다.

무엇보다 마음에 남은 문장은 "돈보다 교훈을 얻기 위해 일하라."라는 말이었습니다. 저자는 리더십을 배우기 위해 군대에 입대했고, 세일즈를 배우기 위해 제록스 회사에서 일했습니다. 돈을 좇기보다 배움을 좇는 사람이 결국 더 큰 경제적 자유를 얻는다는 사실은 지금의 저에게도 커다란 방향이 되었습니다.

이 책은 돈을 바라보는 '사고의 프레임'을 완전히 바꿔주는 책입니다. 돈을 위해 일하던 사람이 돈이 자신을 위해 일하게 만드는 원리를 이해하게 되고, 저축만을 미덕으로 여기던 사람이 배움과 투자를 통해 자산을 만들어 가는 방법을 배우게 됩니다. 삶의 방향을 바꾸는 것은 거창한 계획이 아니라 지금 이 순간 내가 어떤 생각으로 일하고, 배우고, 투자하느냐에서 시작됩니다. 부를 향한 첫걸음을 내딛는 모든 사람이 꼭 한 번 읽어볼 만한 책입니다.

| 생각하라 그리고 부자가 되어라 | 나폴레온 힐 | 반니

나폴레온 힐의 『생각하라 그리고 부자가 되어라』는 단순히 부자가 되는 방법을 말하는 책이 아닙니다. 생각이 어떻게 부를 만드는지 다양한 사례를 통해 16가지 원칙을 제시합니다. 저자는 수많은 성공한 사람들의 공통점을 정리하며, 열망 · 믿음 · 자기암시 · 상상력 · 끈기 등과 같은 내면의 요소가 어떻게 현실의 결과로 이어지는지를 구체적으로 설명합니다. 그 과정을 따라가다 보면, '부'라는 것은 단순한 행운이 아니라 사고방식의 결과임을 자연스럽게 이해할 수 있습니다. 이전에도 저는 생각이 중요하다는 사실을 알고 있었지만, 이 책은 그보다 한 걸음 더 나아가, 그 생각과 마음을 만드는 법을 구체적으로 보여주었습니다.

특히, 인상 깊었던 부분은 '전문지식과 상상력'에 대한 이야기였습니다. 힐은 막대한 부를 일구려면 힘이 필요하고, 그 힘은 전문

지식을 고도로 조직하고 영리하게 끌어낼 때 생긴다고 말합니다. 그러나 그 지식이 반드시 내 손 안에 모두 있을 필요는 없다고 말하는데, 그 점이 굉장한 인사이트였습니다. 오히려 필요한 사람을 모으고, 그들의 능력을 하나의 방향으로 이끌어갈 수 있을 때 진정한 리더가 될 수 있음을 일깨워주었습니다. 이를 통해, 부자는 모든 것을 아는 사람이 아니라 무엇을 알아야 하는지를 아는 사람이라는 사실을 깨달았습니다. 지식을 다루고 그 지식에 상상력을 더하는 순간, 새로운 부의 씨앗이 자라기 시작한다는 사실도요.

또한 힐은 공부의 목적을 다시 정의합니다. 공부는 단순한 자기계발이 아니라 앞길의 장애물을 치워주는 도구이며, 자신을 한 단계 위로 끌어올리는 사다리라고 말합니다. 여가를 포기하더라도 배우는 사람, 자신의 시간을 투자해 지식을 쌓는 사람에게 세상은 결국 기회를 준다고 했습니다. 이 구절은 부를 향한 여정의 본질은, 끝없는 학습과 함께해야 함을 일깨워주었습니다.

이 책은 단순히 성공한 사람들의 이야기를 모은 책이 아니라 나도 부의 흐름 속으로 들어갈 수 있다는 확신을 심어주는 책입니다. 이 책을 읽으면, 당신도 어느 순간 깨닫게 될 것입니다. 부자가 되는 일은 특별한 재능이 아니라 사고방식의 결과라는 사실을.

| 돈의 심리학 | 모건 하우절 | 인플루엔셜

모건 하우절의 『돈의 심리학』은 돈 버는 방법을 수학 공식처럼 알려주는 책이 아닙니다. 사람의 마음이 돈을 어떻게 움직이고 같은 투자를 해도 사람의 심리나 상태에 따라 어떤 결과로 이어지는지를 여러 사례를 통해 이야기합니다. 그리고 돈을 잘 다루는 능력은 똑똑함이 아니라 마음가짐에서 시작된다고 말하죠. 그는 투자와 소비, 그리고 저축을 바라보는 태도가 우리의 인생을 결정짓는다고 말합니다.

책에는 20개의 이야기가 나오는데, 화려한 투자 성공담보다는 평범한 사람들의 선택과 심리를 통해 돈의 본질을 보여줍니다. 하버드를 나온 백만장자가 하루아침에 무너지고, 평생 성실히 일한 청소부가 100억 원의 자산을 남긴 이유를 차분히 풀어냅니다.

책을 읽다 보면, 부자의 정의를 다시 생각해 보게 됩니다. '부'란 멋진 차나 큰 집을 가지는 상태가 아니라 원하지 않는 일을 하지 않을 자유, 내 시간을 내 뜻대로 쓸 수 있는 힘이 바로 부라는 사실을 깨달았습니다. 돈은 목표가 아니라 수단이며, 결국 내가 원하는 삶을 선택할 수 있도록 도와줍니다. 빠르게 벌기보다 오래 유지할 수 있는 구조를 만드는 것이 무엇보다 중요함을 일깨워주었습니다.

저자는 부자가 되는 법은 많지만, 부자로 남는 법은 단 하나뿐이라고 말합니다. 돈을 버는 데는 용기와 추진력이 필요하지만, 돈을 지키는 데는 절제와 겸손이 필요합니다. 많은 사람이 더 버는 법만을 배우려 하지만, 정작 중요한 건 잃지 않는 법이란 통찰을 얻을 수 있었습니다. 돈의 세계에서 진짜 성공은 수익이 아니라 오래 살아남는 것, 다시 말해 생존이라는 사실을 알게 되었습니다. 이 책은 그 단단한 생존의 길을 가르쳐 줄 수 있는 책입니다. 순간의 성취가 아니라 지루할 만큼 견고한 생존으로 가는 길 말입니다. 돈의 본질을 다시 바라보고 싶다면, 이 책이 도움이 될 것입니다.

| 레버리지 | 롭 무어 | 다산북스

롭 무어의 『레버리지』는 자본주의 사회에서 시간과 자원을 내 편으로 만드는 법을 보여주는 책입니다. 저자는 우리가 흔히 '부'라고 부르는 것이 단순한 근면이나 노력의 결과가 아니라 타인의 시간 · 노력 · 지식 · 자본을 얼마나 효율적으로 활용하느냐에 달려 있다고 말합니다. 누군가는 타인의 시간과 노력을 활용해 시스템을 만들고, 또 누군가는 그 시스템 안에서 자신의 시간을 팔며 살아갑니다. 결국 부와 자유의 차이는 시간을 돈으로 바꾸느냐, 돈이 시간을 벌게 하느냐의 차이에서 결정된다는 메시지를 전합니다.

이 책을 읽기 전까지 제게 레버리지란, 그저 대출을 활용해 집을 사는 정도의 금융 용어에 불과했습니다. 하지만 책을 통해 레버리지는 그보다 훨씬 넓은 의미를 가진다는 것을 깨달았습니다. 자본뿐 아니라 타인의 경험, 지식, 관점까지도 빌릴 수 있다는 것. 그것이 진짜 현명한 레버리지라는 사실을 배웠습니다.

생각해 보면, 이렇게 책을 읽고, 강의를 들으며 타인의 경험을 짧은 시간 내에 배우는 일 또한 지식의 레버리지였습니다. 누군가의 시행착오를 단 한 권의 책, 한 시간의 강연으로 단축할 수 있다는 것만큼 강력한 레버리지는 없다는 사실을 확실히 깨닫게 되었습니다.

책을 읽고 나면 자연스럽게 이 질문이 마음에 남습니다. '나는 지금 레버리지 하고 있는가, 아니면 당하고 있는가.' 매일 무심히 반복하는 노동의 구조 속에서, 과연 내가 내 시간을 지배하고 있는가, 아니면 타인의 계획 속에서 살아가고 있는가를 되묻게 합니다. '이 일을 꼭 내가 해야 할까?', '이 과정을 자동화하거나 위임할 방법은 없을까?'라는 질문을 자주 던지게 되었습니다. 시간과 에너지를 쏟기보다 시스템을 세워 그 시스템이 나를 대신해 움직이게 만드는 사고방식. 이 책은 그 사고의 방향을 바꿔줄 수 있는 책입니다.

『레버리지』는 단순히 돈을 버는 기술을 알려주는 책이 아니라 그보다 더 근본적으로 어떻게 일하고, 무엇을 내 삶의 중심에 둘 것인가를 묻는 책입니다. 이 책을 읽으면, 단지 열심히 일하는 삶에서 벗어나 지혜롭게 일하는 삶, 즉 나의 시간과 에너지를 주체적으로 설계하는 삶의 방식으로 시야가 확장될 것입니다. 부를 쌓는다는 것은 결국 더 많은 일을 하는 것이 아니라 더 나은 구조를 만드는 일임을 깨닫게 됩니다. 이 책은 그 구조를 설계할 수 있는 사고의 출발점이 되어 줄 것입니다. 지금보다 더 자유로운 시간과 더 높은 효율을 얻을 수 있을 것입니다.

돈을 대하는 태도를 바꾼 4권의 책

경제경영서를 손에서 놓지 않던 시절이 있었습니다. 퇴근 후에도, 주말 도서관에서도 늘 책 한 권이 제 앞에 펼쳐져 있었습니다. 사람들은 종종 의아해 하곤 했습니다. 그런 책들을 읽어서 뭐 하냐고요. 그들은 당장 빠른 결과만을 원하며 돈을 버는 구체적인 기술에 집중했지만, 저에게 중요한 것은 언제나 '기본을 세우는 일'이었습니다. 기초가 흔들리면 어떤 건물도 오래 서지 못하듯, 돈을 대하는 태도가 바로 서지 않으면 어떤 투자도 결국 무너지게 됩니다. 아무리 좋은 투자 정보를 얻어도, 아무리 수익률이 높은 기회를 잡아도, 그 돈을 지켜낼 마음의 힘이 없다면 결국 제자리로 돌아가게 됩니다. 저는 빨리 쌓는 기술보다 오래 지키는 태도가 더 중요하다고 믿었습니다. 속도보다 방향, 기술보다 원칙을 중요하게 여겼습니다.

그 시절 제 소비는 단순했습니다. 명품이나 유행을 좇는 대신, 제 가치관에 맞는 곳에만 돈을 소비 했습니다. 월급이 들어오면 저축을 먼저 떼어놓고, 남은 돈의 대부분은 책과 강의, 배움의 기회에 투자했습니다. 그것이 제게는 가장 확실한 자산이었습니다.

『보도 섀퍼의 돈』을 통해 재정의 기본 구조를 세웠고, 『돈의 속성』에서 돈은 인격을 가진 존재처럼 다뤄야 한다는 철학을 배웠습니다. 『돈, 뜨겁게 사랑하고 차갑게 다루어라』에서는 인내와 절제를 통해 진짜 기회가 오는 순간을 기다릴 수 있는 태도를, 『이웃집 백만장자』에서는 검소함이야말로 자유를 사는 가장 확실한 기술임을 깨달았습니다. 부자처럼 보이려 애쓰는 사람의 삶이 아니라 진짜 부자로 사는 사람의 태도를 보았습니다.

이 책들은 공통적으로 말합니다. 돈은 단순한 수단이 아니라 태도의 거울이라고. 돈을 대하는 우리의 선택이 결국 인생의 질서를 만든다고. 어떤 사람은 돈 앞에서 불안해지고, 어떤 사람은 돈 앞에서 단단해집니다. 그 차이는 금액이 아니라 돈을 대하는 태도를 얼마나 훈련했는가에 있습니다. 태도는 감정의 온도를 조절하고,

욕망을 통제하며, 위기 속에서도 방향을 잃지 않게 합니다.

이 네 권의 책은 그 태도를 단단히 세워주는 기둥 같은 책들입니다. 돈을 단순히 아끼는 법이 아니라 돈을 존중하고 현명하게 사용하는 법을 알려줍니다. 돈을 잘 다룬다는 건 단순히 더 버는 법을 아는 게 아니라 덜 흔들리는 법을 배우는 일입니다. 그 안정된 마음 위에서만 복리의 마법도, 자산의 성장도 비로소 작동하기 시작합니다.

많은 사람들이 돈을 벌기 위해 곧바로 전략과 기술만을 익힙니다. 하지만 돈을 오래 지키는 사람은 '기본'을 놓치지 않은 사람입니다. 소비를 조절하고, 빚을 경계하며, 적은 수입에도 감사하고, 계획적으로 움직이는 사람. 이 단순한 기본이야말로 세상의 모든 부의 진짜 기초입니다. 화려한 전략은 쉽게 유행이 되었다가 사라지지만, 기본은 시대가 바뀌어도 결코 변하지 않습니다. 태도는 빠른 성과를 주진 않지만, 언제나 마지막까지 살아남습니다. 돈을 다루는 태도가 바로 선 사람은 경기의 흐름에 흔들리지 않고, 위기에도 중심을 지킵니다. 그리고 기회가 왔을 때, 감정이 아닌 원칙으로 선택할 수 있습니다. 이 네 권의 책은 바로 그 '태도의 힘'을 길러주는 책들입니다.

읽다 보면 깨닫게 됩니다. 부자가 되는 과정은 남보다 빨리 달리는 것이 아니라 남보다 오래 버티는 힘을 기르는 일이라는 것을요.

단거리 경주가 아니라 마라톤입니다. 마라톤에서 중요한 건 속도가 아니라 페이스입니다. 자신의 호흡을 지키며 무리하지 않고, 끝까지 완주할 수 있는 힘. 그 힘이야말로 진짜 부를 만들어줍니다.

당신이 이 책들을 읽는다면, 돈에 대한 불안이 줄고, 소비의 기준이 단단해질 것입니다. 재정의 균형이 회복되고, 무엇보다 돈이 당신의 주인이 아니라 당신이 돈의 주인이 되는 순간을 경험하게 될 것입니다. 부의 설계는 화려한 재테크에서 시작되지 않습니다. 기초를 다시 쌓는 일에서 시작됩니다. 기본을 지키는 태도, 그 단순하지만 강력한 힘이야말로 가장 오래가는 부를 만들어냅니다.

이 네 권의 책은 그 여정의 출발점이 되어줄 것입니다. 빠르게 부자가 되는 법이 아니라 부자로 오래 남는 법을 알려줄 것입니다. 그리고 그것이야말로 진짜 부의 설계도입니다.

| 돈 | 보도 섀퍼 | 북플러스

『돈』의 저자 보도 섀퍼는 스물여섯 살까지 빚더미에 앉아 있던 청년이었습니다. 하지만 그는 부자들의 사고방식과 재정 습관을 배우며, 서른 살에 이자만으로 살아가는 경제적 자유를 이루었습니다. 그는 이 경험을 바탕으로 누구나 실천 가능한 부의 원칙을 정리합니다. 복잡한 경제 용어나 어려운 공식이 아니라 누구나 이해하고 따라 할 수 있는 단순한 원리입니다.

이 책은 경제의 기술서이기 이전에, 삶의 태도를 바꾸는 자기 점검서입니다. 본문 곳곳에는 현재 자신의 경제적 상태를 점검해 볼 수 있는 질문들이 있고, 앞으로의 재정 목표를 설계할 수 있도록 돕는 실질적인 문항들이 제시되어 있습니다. 이 질문에 하나씩 답하다 보면 자연스럽게 나에게 돈이 어떤 의미인지를 깨닫게 됩니다. 책을 덮을 즈음엔 돈에 대한 태도가 달라지고, 미래를 계획하는 시야가 한층 넓어져 있을 것입니다.

책에서 가장 기억에 남는 부분은 돈에 대한 신념이었습니다. 보도 섀퍼는 돈을 단순히 물질적 수단이 아니라 우리의 가능성을 지켜주는 존재라고 말합니다. 돈이 없으면 선택의 폭이 줄어들고, 우리가 가진 재능과 꿈이 힘을 발휘하기 어렵습니다.

하지만 돈이 있으면, 그 가능성이 완전히 소진되지 않도록 우리를 보호해 주고, 더 나아가 그 가능성을 최고로 끌어 올려줄 수 있습니다. 결국 돈은 욕심이 아니라 '자유'의 도구이며, 나답게 살아가기 위한 기반입니다.

또한 이 책을 읽는 사람들은, 돈은 나쁜 것이라는 오랜 고정관념에서 벗어날 수 있을 것입니다. 돈을 긍정적으로 바라볼 때, 돈은 자신의 꿈을 돕는 든든한 조력자가 됩니다. 반대로 돈을 부정적으로 바라보면, 돈은 늘 부족하고 멀리 있는 존재로 남습니다.

책 속에서 강조하는 '10% 저축의 법칙'과 '복리의 힘', '경제적 자유 3단계'는 단순한 이론이 아니라 스스로의 재정 시스템을 구축하도록 돕는 실천 도구입니다. 돈을 다루는 태도, 돈을 바라보는 신념이 먼저 바뀌어야 진짜 변화가 시작됩니다. 이 책은 그 첫걸음을 안내하기에 충분한 책입니다.

돈을 두려움의 대상이 아니라 가능성의 에너지로 바꾸어 주는 책, 그리고 나의 삶을 능동적으로 설계하게 만드는 책. 이 책을 읽는다면 누구나 깨닫게 될 것입니다. 돈을 잘 버는 사람이 아니라 돈을 잘 관리하는 사람이 진짜 부자라는 사실을.

| 돈의 속성 | 김승호 | 스노우폭스북스

김승호 회장의 『돈의 속성』은 제목 그대로 돈이 가진 본질을 해부한 책입니다. 이 책은 돈을 대하는 태도, 나아가 삶을 대하는 태도를 바꾸는 책입니다. 저자는 30대 후반까지 낡은 트럭에 과일을 싣고 다니며 팔던 가난한 이민자였습니다. 유산도, 빽도, 특별한 기회도 없이 종잣돈 천만 원에서 시작해 수천억 원대의 자산가가 되기까지, 그는 돈이 가진 속성을 몸으로 배우며 깨달았습니다. 그 경험에서 얻은 통찰을 75가지 원칙으로 정리한 것이 바로 이 책입니다.

저자는 돈을 하나의 인격체로 바라보라고 말합니다. 돈은 사람처럼 감정이 있기 때문에 존중받으면 다가오고, 함부로 대하면 떠나갑니다. 좋은 곳에 쓰이면 그 대우에 감동해 더 많은 돈을 데려오지만, 사치나 도박에 낭비되면 주인을 떠난다고 합니다. 저자의 표현대로라면 돈은 사람의 태도를 알아보는 살아 있는 존재입니다. 그렇기에 돈과의 관계를 어떻게 맺느냐가 바로 부의 시작이라는 말에 공감이 되었습니다.

이 문장이 가장 기억에 남습니다.

"빨리 부자가 되는 유일한 방법은, 빨리 부자가 되려 하지 않는 것이다."

짧지만, 그 안에는 모든 부의 철학이 담겨 있습니다. 부자가 되려는 마음이 지나치게 앞서면, 결국 방향을 잃게 됩니다. 부는 속도의 문제가 아니라 지속의 문제입니다. 조급함은 판단을 흐리고, 욕망은 감정을 흔들며, 결국 자신을 무너뜨립니다. 반대로, 부를 시간과 인내의 과정으로 받아들인 사람만이 진짜 돈의 속성을 이해하게 됩니다.

책을 읽다 보면 이런 깨달음에 이를 수 있습니다. 사람들은 대부분 부자가 되는 방법만을 찾지만, 정작 중요한 것은 돈을 다루는 힘, 즉 돈을 관리하고 지켜내는 능력임을 말입니다. 돈을 아는 사람은 많지만, 돈을 이해하고 다루는 사람은 드뭅니다. 이 책은 그 차이를 보여줍니다. 돈을 단순히 불리는 것이 아니라 나의 가치관과 태도 속에서 돈이 나를 돕게 하는 방법을 배우게 합니다. 결국 돈을 통해 드러나는 것은 나 자신이라는 사실을 일깨워줍니다.

돈을 존중하고, 제대로 이해하며 현명하게 다루는 사람으로 성장하고 싶은 이들에게 이 책은 흔들리지 않는 나침반이 되어 줄 것입니다.

| 돈, 뜨겁게 사랑하고 차갑게 다루어라 | 앙드레 코스톨라니 | 미래의창

이 책을 다음 장인 '실전 투자로 성장시킨 책'이 아닌 '태도를 바꾼 책'에 포함시킨 이유는, 『돈, 뜨겁게 사랑하고 차갑게 다루어라』가 단순한 주식투자 지침서가 아니기 때문입니다. 이 책은 평생을 시장 속에서 살아온 한 투자자가 들려주는 돈과 인간 심리에 대한 철학서에 가깝습니다. 앙드레 코스톨라니는 80년에 가까운 투자 인생을 통해 수없이 오르내리는 주가 속에서, 결국 시장을 움직이는 것은 데이터나 공식이 아니라 사람의 감정과 생각이라는 사실을 깨달았습니다. 그 오랜 깨달음을 유머와 통찰로 풀어낸 책이 바로 이 책입니다.

특히, 제게 인상 깊었던 점은 투자자라는 단어를 새롭게 정의한 부분이었습니다. 저자는 투자를 단순한 투기나 도박으로 보지 않았습니다. 오히려 투자를 예술로 보고, 투자자를 가장 고상한 의미의 지성인으로 표현했습니다. 그가 말하는 진정한 투자자는 경제의 흐름을 읽고, 사회와 정치의 방향을 진단하며, 그 속에서 인간의 심리를 이해하고 행동할 줄 아는 사람을 말하고 있습니다. 이전까지는 주식투자라는 말을 들으면, 도박적인 이미지가 자리를 잡고 있었지만, 이 책을 통해 그 인식이 바뀌게 되었습니다. 투자 행위는 고상하고 지적인 도전을 의미한다는 사실로 말이죠.

책장을 덮고 한참이 지난 후에도 남아 있는 내용은 그의 '수면제 조언'이었습니다. 좋은 주식을 샀다면 매일 주가를 들여다보지 말고, 수면제를 먹고 한동안 푹 자라는 것. 그래야만 시장의 변동성에 흔들리지 않을 수 있기 때문입니다. 진짜 투자는 단기 수익을 좇는 것이 아니라 변동성을 견디는 능력에서 비롯됩니다. 장기투자는 단순히 오래 기다리는 일이 아니라 내 마음을 다스리는 일임을 비로소 이해하게 되었습니다.

이 책을 읽다 보면 주식투자보다 더 중요한 것이 태도와 시선임을 깨닫게 됩니다. 단기적 변동에 흔들리지 않고 긴 흐름을 바라보는 시야, 남의 말보다 자신의 원칙을 믿는 태도, 그리고 무엇보다 조급하지 않은 마음이 얼마나 중요한지 알게 됩니다. 결국 이 책은 돈을 다루는 철학서이자, 투자자의 마음을 단련시키는 인생 수업서입니다.

코스톨라니의 말처럼 돈을 사랑하되 차갑게 다루라는 태도는 주식 시장뿐 아니라 인생 전반에도 통하는 조언입니다. 조급함 대신 여유를, 탐욕 대신 원칙을, 불안 대신 신뢰를 택할 때 비로소 우리는 '돈의 주인'으로 설 수 있습니다. 이 책은 시장의 파도 속에서도 흔들리지 않는 마음을 갖게 해주는 가장 인간적인 투자 수업서입니다.

| 부자의 그릇 | 이즈미 마사토 | 다산북스

이즈미 마사토의 『부자의 그릇』은 돈을 대하는 태도, 더 나아가 마음의 크기를 이야기하는 책입니다. 한때 연 매출 12억을 올리던 주먹밥 가게 사장이 하루아침에 모든 것을 잃고 공원을 떠돌다, 수수께끼의 노인을 만나 7시간 동안 돈의 본질을 배우는 이야기로 전개됩니다. 이 책은 삶의 실패를 통해 진짜 부자의 마음이 만들어지는 과정을 그려낸 성장 스토리입니다.

돈은 그만한 그릇을 가진 사람에게 모인다는 것이 책의 가장 핵심 메시지입니다. 저자는 돈을 많이 버는 법보다, 그 돈을 감당할 수 있는 그릇을 키우는 일이 더 중요하다고 말합니다. 그릇이 작으면 작은 돈에도 쉽게 흔들리지만, 그릇이 크면 큰돈 앞에서도 흔들리지 않는다는 것입니다. 결국 작은 돈을 다루는 태도가, 더 큰돈을 다룰 수 있는 사람인지를 결정합니다.

읽는 동안 마음에 들어왔던 구절은 "돈은 사람에게서 온다."라는 말입니다. 돈은 결코 혼자 생기지 않습니다. 우리가 받는 월급도 누군가의 신뢰와 선택의 결과입니다. 결국 신용이 곧 돈의 근원이라는 사실을 일깨워줍니다. 돈을 좇는 것보다 신뢰받는 사람이 되는 것이 먼저라는 사실을 잘 말해줍니다. 결국 부를 키우는 일은 신용을 쌓는 일이며, 신용은 하루아침에 만들어지지 않기 때문에, 시간을 쌓는 태도로 자신의 그릇을 키워야 합니다. 돈은 그런 사람에게 기꺼이 머문다는 것을, 이 책은 조용히 가르쳐 줍니다.

『부자의 그릇』을 읽다 보면, 문득 나의 그릇은 얼마나 단단한가, 그리고 그 크기는 어느 정도인가를 돌아보게 됩니다. 부자가 되는 길은 특별한 비법에 있지 않습니다. 태도와 신뢰, 그리고 경험을 통해 스스로 그릇을 키워가는 과정에 있습니다. 이 책은 돈을 부정하거나 숭배하지 않고, 삶을 풍요롭게 만드는 하나의 도구로서 돈을 다루는 법을 가르쳐 줍니다. 결국 부자의 그릇이란 돈의 크기가 아니라 사람의 크기를 말하는 것입니다. 돈보다 먼저 나를 단단하게 만드는 일, 그것이야말로 오래도록 부를 지키는 길임을 말해 주는 책입니다.

| 이웃집 백만장자 | 토머스 J. 스탠리, 윌리엄 D. 댄코 | 지니의서재

『이웃집 백만장자』는 20년 넘게 경제경영 분야의 고전으로 사랑받아 온 책입니다. 저자는 20여 년간 실제 부자 1만 2천 명을 조사하며, 부자처럼 보이는 사람과 진짜 부자의 차이를 명확히 밝혀냅니다. 고급 차를 타고 명품을 소비하며 부자처럼 보이기만 하는 사람들보다 검소하고 절제된 삶을 사는 평범해 보이는 사람들이 더 많은 자산을 축적한다는 사실을 발견합니다. 그들은 운이나 유산이 아닌, 절약 · 계획 · 자제력이라는 단순하지만 흔들림 없는 원칙으로 부를 만들어왔습니다. 이 책은 바로 그런 보이지 않는 부의 철학을 보여주는 책입니다.

특히, 마음에 남았던 부분은 어린 시절의 경험이 재무 습관을 결정한다는 대목이었습니다. 저자는 부모의 소비습관과 돈에 대한 태도, 그리고 가정 내의 경제 교육이 자녀의 재무 행동에 직접적인 영향을 미치며, 그것이 훗날 경제적 성공의 기반이 된다고 말합니다. 부유한 가정일수록 자녀에게 무분별한 지원을 하기보다 스스로 벌고 관리하는 경험을 통해 자립을 배우게 한다고 합니다. 돈을 존중하고 절제하며 잘 다루는 법을 배우는 것이 결국 평생의 자산이 되는 것입니다. 이 내용을 읽으며, 경제 교육은 어릴 때부터 시작되어야 한다는 생각에 확신을 얻을 수 있었습니다. 가정 내에서 돈을 금기시하지 않고, 아이가 돈을 현명하게 다룰 수 있도록 경제금융 교육이 이루어진다면, 누구나 자신의 환경을 바꾸고 스스로 더 나은 삶을 설계할 수 있기 때문입니다.

책에서 얻은 확신은 생각에 머물지 않았습니다. 그래서 저는 2026년 3월 1일 퇴사한 뒤에 제주도 8층 복합문화건물의 한 축이 될 어린이 경제교실의 운영부터 시작하려 합니다. 아이들이 어릴 때부터 돈을 두려워하지 않고 올바르게 다룰 수 있는 경제 습관을 기를 수 있도록, 경제교육 커리큘럼을 구상하고 있습니다.

제가 이 길을 택한 이유는 분명합니다. 경제교육은 가능한 이른 시점부터 시작되어야 한다고 믿기 때문입니다. 또한 저는 가난을 직접 경험했고, 그 속에서 수많은 시행착오를 지나왔습니다. 많은 사람이 가난을 직접 겪은 뒤에야 돈과 경제를 배우는 것이 아니라 미리 배우고 준비할 수 있도록 돕는 사람이 되고 싶었습니다. 이 시작을 바탕으로, 전국 가맹화를 거쳐 2030년에는 제주도 복합문화건물 내 어린이 경제 교실로 이어지는 흐름을 만들어 가고자 합니다.

가정은 아이에게 가장 큰 영향을 미치는 첫 번째 경제교육의 현장입니다. 그래서 부모가 가정 안에서 자녀에게 건강한 경제 습관을 전할 수 있도록 부모를 대상으로 하는 경제 교실도 병행 운영할 계획이며, 이러한 내용을 바탕으로 부모가 읽어야 할 자녀 경제 교육서를 다음 책으로 연이어 준비하고 있습니다. 부모가 먼저 돈을 이해하고 현명하게 다룰 수 있을 때, 아이의 경제 감각 역시 자연스럽게 자라날 수 있다고 믿기 때문입니다.

나아가 사회초년생들이 같은 시행착오를 되풀이하지 않도록, 경제 · 금융 멘토로서 도움을 드리고자 합니다. 2026년은 제 삶과 일의 방향을 하나로 잇는 첫 번째 꿈의 여정이 시작되는 해가 될 것입니다.

이 책은 화려한 소비보다 꾸준한 절제가, 남에게 보여주는 '부'보다 자신을 지키는 '부'가 더 강하다는 메시지를 전달합니다. 결국 부를 얻는 비밀은 거창하지 않습니다. 그저 보이는 부를 좇기보다 보이지 않는 가치를 차곡차곡 쌓아가는 일. 그 단순하지만 지키기 어려운 원칙을 가장 잘 보여주는 책이 바로 『이웃집 백만장자』입니다. 그래서 저는 이 책을, 부의 본질을 다시 배우고 싶은 사람들에게 권하고 싶습니다.

실전 투자로 성장시킨 5권의 책

3장에서 다룬 투자법들을 기억하실 겁니다. 누구나 지금 당장, 아주 적은 금액으로도 시작할 수 있는 현실적인 방법들이었습니다. 하지만 많은 사람들이 언젠가 여유가 생기면 또는 공부가 부족해서 지금은 할 수 없다며 체념해 버립니다. 완벽한 타이밍을 기다리고, 충분한 지식을 쌓고, 시장이 안정되기를 바라면서요.

하지만 10년이 지나도 그 언젠가는 오지 않습니다. 왜일까요? 투자는 완벽을 다진 뒤에 하는 일이 아니라 시작한 뒤에 서서히 익숙해지는 과정이기 때문입니다. 시장에 뛰어든 사람만이 진짜 배웁니다. 두려움 속에서도 실행한 사람만이 복리의 시간을 자기편으로 만들 수 있습니다.

만약 제가 2년 전이 아닌, 사회초년생 시절부터 돈이 일하는 시스템을 만들었다면 어땠을까요? 그때는 그저 적금을 붓는 것만이 정답이라 믿었지만, 돌이켜보면 그 17년 동안 얼마나 많은 기회들이 제 앞을 지나갔는지 이제야 알겠습니다. 하지만 그 기회들을 모두 놓쳤다고 해도 괜찮습니다. 기회는 늘 과거에 있지 않고, 언제나 지금 시작하는 사람의 손에 있습니다. 준비만 하는 사람과 실제로 움직이는 사람의 인생은 다르게 흘러갑니다.

투자는 지식의 문제가 아니라 행동의 문제입니다. 아무리 많은 책을 읽고 강의를 들어도, 실제로 계좌를 열고 돈을 움직여보지 않으면 투자는 여전히 남의 이야기로 남습니다. 돈이 실제로 흘러가기 시작하는 순간, 당신은 돈을 버는 사람에서 돈의 흐름을 설계하는 사람으로 바뀝니다.

습관을 세우고, 사고방식을 바꾸고, 태도를 다졌다면 이제는 움직일 차례입니다. 완벽을 기다리다 보면, 기회는 늘 불안의 뒤편에서 조용히 사라집니다. 그래서 적은 금액이라도 지금 시작하는 것이 중요합니다. 월 5만 원이든 10만 원이든, 그 돈이 스스로 일하기 시작하는 경험을 해보는 것. 그 순간부터 당신의 인생은 조금씩 달라집니다.

이 절에서 소개할 다섯 권의 책은 바로 그 실전의 문턱을 넘어서는 법을 알려줍니다. 복리로 시간을 내 편으로 만드는 법, 배당으로 매달 현금흐름을 만드는 법, 절세로 세금을 줄이며 자산을 지키는 법, 달러로 위험을 분산하는 법, 그리고 새로운 자산으로 기회를 넓히는 법. 겉으로는 모두 다른 이야기처럼 보여도, 이 책들이 향하는 곳은 하나입니다. 돈이 쉬지 않고 일하는 구조를 만드는 것. 투자의 타이밍은 언제나 '지금'입니다. 시장이 좋을 때도, 나쁠 때도, 중요한 건 꾸준히 시작하는 것입니다. 시장은 책이 알려주지 않는 것을 가르쳐 주고, 실전은 불완전함 속에서도 성장하는 힘을 만들어 줍니다.

이 다섯 권의 책은 특별한 재능이 아닌, 꾸준한 실행력으로 완성되는 현실적인 투자 시스템을 보여줍니다. 두려움보다 시스템을 믿고, 한 달에 한 번씩 꾸준히 실행하는 것. 그 단순한 반복이 결국 가장 강력한 결과를 만듭니다. 돈은 단숨에 불어나지 않지만, 꾸준한 사람에게는 반드시 복리로 보답합니다. 하루를 흘려보내면 시간을 잃지만, 매달 쌓아가는 투자는 시간이 지날수록 당신의 편이 됩니다. 배당은 당신의 오늘을 지탱하고, 연금은 당신의 내일을 준비하며, 달러는 불안한 세상 속에서 당신의 자산을 지켜줍니다. 그리고 새로운 자산은 당신 안의 가능성을 넓혀 줍니다.

이 절에서 소개할 다섯 권의 책은 당신을 실행으로 이끄는 지도가 될 것입니다. 시장은 여전히 불안하고, 세상은 빠르게 변하지만, 한 가지는 변하지 않습니다. 꾸준히 행동한 사람만이 돈의 복리를 체험한다는 사실. 작은 첫걸음이 당신의 돈을 일하게 하고, 결국 당신의 시간을 자유롭게 할 것입니다.

| 나는 노후에 가난하지 않기로 결심했다 | 서대리 | 세이지

서대리의 『나는 노후에 가난하지 않기로 결심했다』는 제목 그대로, 평범한 사람도 노후에 경제적 자유를 얻을 수 있는 가장 현실적인 방법을 제시하는 책입니다. 이 책은 거창한 재테크 전략이 아닌, 누구나 당장 오늘부터 시작할 수 있는 노후 준비의 길을 알려줍니다. 연금저축 계좌를 개설하고, 매달 30만 원씩 S&P500 ETF에 투자하는 것. 이 작은 실천이 시간이 지나면 일하지 않아도 월 300만 원을 쓸 수 있는 인생으로 이어진다고 말합니다.

저자는 이 방식을 단순한 투자법이 아닌, 평생을 지탱할 경제 습관으로 설명합니다. 즉 돈이 아닌 '시간'을 내 편으로 만드는 시스템을 세우는 것이죠. 저는 이 책을 읽으며, 노후 준비는 먼 미래의 이야기가 아니라 '지금' 나의 결심에서 시작된다는 사실을 실감했습니다. 그래서 그때부터 연금저축 계좌를 개설했고, 현재까지 매달 35만 원씩 S&P500 ETF를 정기적으로 적립하고 있습니다. 책에서 평균 수익률을 8%로 잡고 계산했지만, 3년이 지난 지금 계좌의 수익률은 50%가 넘어가고 있습니다. 처음엔 단순한 자동이체로 보였지만, 시간이 지날수록 이대로 30년 동안 장기투자하면, 분명 안정적인 노후 자산이 될 것이라는 확신이 생겼습니다. 불확실한 세상 속에서도, 그렇게 스스로 만들어 가는 작은 확신이 하루하루 쌓여가고 있습니다.

이 책은 단순히 돈을 모으는 책이 아니라 노후를 불안의 시기로 방치하지 않고 지금을 준비와 성장의 시간으로 바꾸는 책입니다.

이 책을 읽고 나면 '부자가 되겠다.'보다 '가난하지 않겠다.'라는 결심이 얼마나 강력한 출발점인지를 깨닫게 됩니다.

투자는 특별한 사람이 하는 일이 아닙니다. 매달 일정 금액을 꾸준히 모으는 사람, 미래의 자신을 믿고 오늘의 작은 행동을 실천하는 사람이 결국 가장 멀리 갑니다.

이 책은 그 길의 첫 단추를 채워주는 책입니다. 노후의 불안을 줄이고, 스스로의 삶에 안정과 주도권을 되찾고 싶은 모든 이들에게 이 책은 노후의 경제적 안정을 선물하는 현실적인 시작점이 될 것입니다.

| 나는 비트코인으로 인생을 배웠다 | 안필호, 장석호 | 거인의 정원

『나는 비트코인으로 인생을 배웠다』는 단순한 투자 성공담이 아니라 시장의 흐름 속에서 자신을 단련하는 법을 알려주는 책입니다. 두 저자는 암호화폐 시장의 극심한 상승과 하락을 모두 겪으며 돈을 버는 법보다 욕심을 다스리는 법을 먼저 배워야 한다고 말합니다. 이 책은 비트코인이 단순한 투기 대상이 아니라 명확한 구조와 4년의 주기 속에서 움직이는 자산임을 보여 줍니다. 비트코인의 흐름을 봄, 여름, 가을, 겨울의 사계절로 나누어 설명하며, 각 시기마다 투자자가 어떤 태도를 가져야 하는지 실제 경험을 통해 생생하게 들려줍니다.

언제 오를지를 맞추는 단기 투기가 아니라 주기를 이해하고 자신만의 계획을 세워 장기적으로 꾸준히 버티는 힘을 강조합니다. 빚을 내지 말 것, 자신의 자금 상황을 먼저 점검할 것, 비트코인과 알트코인의 비중을 구분할 것 등 실전 투자에서 반드시 지켜야 할 기본 원칙들을 구체적으로 제시합니다.

책을 읽고 난 뒤, 저 역시 처음으로 비트코인 거래소 계정을 열어 조금씩 비트코인을 담기 시작했습니다. 이전까지는 비트코인을 도박처럼 여겼지만, 책에서 말하는 4년 주기와 사계절의 흐름을 이해하고 나니, 그것이 단순한 운의 게임이 아니라 패턴이 반복되는 시장이라는 사실을 알게 되었습니다. 가격의 등락보다 중요한 것은 그 속에서도 흔들리지 않는 태도라는 점, 그리고 감정 대신 계획으로 대응해야 한다는 것을 이 책을 통해 체감했습니다.

무엇보다 인상 깊었던 점은, 이 책이 비트코인을 통해 삶을 대하는 태도를 이야기한다는 것입니다. 두 저자는 실패를 통해 투자에 접근하는 법을 배웠고, 결국 흔들리는 시장 속에서도 자신만의 주도권을 되찾았습니다. 그 여정은 결국 투자에서뿐 아니라 인생에서도 통하는 이야기로 이어집니다. 투자는 끝이 아니라 삶을 새롭게 바라보는 시작임을 이 책은 조용히 일깨워줍니다.

이 책을 통해 독자들은 단순히 돈을 좇는 태도에서 벗어나, 시간을 신뢰하고, 욕심을 이성으로 다스리며, 꾸준함을 선택하는 자세를 배우게 될 것입니다. 그리고 그 깨달음은 비트코인뿐 아니라 인생의 모든 투자에도 그대로 적용될 것입니다.

| 달러 투자 무작정 따라하기 | 박성현 | 길벗

박성현의 『달러 투자 무작정 따라하기』는 가장 단순하지만, 꾸준히 수익을 내는 방법이라는 명료한 메시지를 전달합니다. 저자는 주식처럼 복잡한 종목 분석도, 부동산처럼 큰 자본도 필요 없는 투자의 세계를 보여줍니다. 그 핵심은 달러라는 자산의 안정성을 통한 '세븐 스플릿Seven Split' 전략입니다. 달러는 전 세계가 신뢰하는 기축통화로, 위기 때일수록 오히려 강세를 보이는 자산입니다. 저자는 이를 단순한 환율차를 노리는 투자법이 아니라 위험을 분산하고 장기적으로 자산의 균형을 잡는 전략적 투자법으로 바라봅니다.

이 책의 중심에는 '나누어 사고, 나누어 판다'라는 세븐 스플릿 원칙이 있습니다. 달러를 한 번에 매수하거나 매도하지 않고 일곱 구간으로 나누어 진입과 회수를 반복함으로써, 시장의 불확실성을 완화하고 수익을 분할로 확정짓는 방식입니다. 모든 거래를 독립적으로 인식해 작은 이익이라도 실현하며, 손실을 최소화합니다. 이 단순한 원칙 하나가 투자자의 감정을 통제하고, 꾸준함을 습관으로 만들도록 도와줍니다.

저자는 이미 유튜브와 재테크 박람회 강연을 통해 알고 있던 분이었습니다. 그의 강연에서 세븐 스플릿 법칙과 달러 투자에는 세금이 없다는 말이 오래 남았습니다. 그래서 여러 책들 중 이 책을 선택했고, 책을 통해 세븐 스플릿의 구체적인 원리와 적용법을 배울 수 있었습니다.

이 방법은 단순한 기술이 아니라 투자자의 태도를 단련하는 과정이라는 점을 알 수 있었습니다. 큰 수익을 노리기보다 원칙을 세우고, 그 원칙을 꾸준히 지켜가는 일. 그것이야말로 장기적으로 자산을 지키는 가장 확실한 방법임을 다시 확인했습니다.

이 책을 덮고 나면, 투자는 결국 복잡한 전략이 아니라 단순한 습관의 힘이라는 사실을 깨닫게 됩니다. 시장의 등락을 예측하려 애쓰기보다, 자신이 세운 규칙을 지키며 꾸준히 실천하는 일의 중요성을 배우게 됩니다.

불안한 시장에서도 흔들리지 않는 마음, 감정이 아닌 원칙으로 움직이는 태도, 그리고 시간을 아군으로 만드는 꾸준함의 가치. 이 책은 그 단순한 진리를, 가장 현실적인 언어로 일깨워줍니다. 결국 투자란 거창한 전략보다 원칙과 일관성으로 쌓아가는 작은 실천의 연속임을, 이 책을 통해 다시금 배우게 될 것입니다.

| 잠든 사이 월급 버는 미국 배당주 투자 | 소수몽키, 베가스풍류객, 윤재홍 | 베가북스

『잠든 사이 월급 버는 미국 배당주 투자』는 평범한 직장인도 안정적인 현금흐름을 만들어 갈 수 있도록 돕는 실전형 투자 안내서입니다. 이 책은 왜 배당인가, 왜 미국인가라는 근본적인 질문에서 출발해, 미국 배당시장의 구조와 성장 배경, 그리고 한국 시장과의 차이를 쉽게 풀어줍니다. 이론만이 아니라 실제 투자 경험을 바탕으로, 소액으로도 시작할 수 있는 배당 포트폴리오 구성법과 생활비를 충당할 수 있는 구체적인 투자 전략을 제시합니다. 저자의 경험을 통해 불황에도 흔들리지 않는 투자가 누구에게나 가능함을 보여주며, 안정적인 현금 흐름을 원하는 사람들에게 현실적인 길을 알려주는 책입니다.

저는 안정적인 월급이 있는 직장인이었기에, 수익률이 낮은 배당 투자는 큰 매력을 느끼지 못했습니다. 단지 지식으로 알아두기 위해 2년 전 책을 집어 들었습니다. 보통은 책을 읽으면 나에 맞게 바로 적용해 보는 편이지만, 지금은 불리는 시기고 돈이 충분히 모이면 배당으로 옮기면 된다고 생각해 배당 투자를 시작하진 않았습니다. 또한, 배당은 그때그때 생활비로 소진될 것 같아 의미가 없다 여겼지만, 배당 재투자를 통해 복리로 더 빠르게 불려 나갈 수 있음을 깨달았습니다. 퇴사 계획을 몇 년 앞당겨 올해 2월 퇴사를 앞둔 지금, 안정적인 현금 흐름의 중요성이 더욱 크게 다가왔고, 최근 배당주들을 담아 조금씩 쌓아가기 시작했습니다.

책에서 특히 좋았던 부분은 배당금을 목표 금액별로 통신비 단계, 보험료 단계, 스타벅스 단계, 여행 단계, 경제적 자유 단계로 구분해 둔 구체적인 시스템이었습니다. 이렇게 현실적이고 단계적인 목표 설정은 작은 성취를 쌓아가며 배당 투자의 지루한 구간을 견딜 수 있게 하는 힘이 되기 때문입니다.

주식에 관해서는 시리즈인 『잠든 사이 월급 버는 미국 주식투자』와 함께 이 책 2권만으로도 주식의 기초와 본질을 충분히 익힐 수 있습니다. 이후는 책보다 직접 시장에 참여하며 흐름을 체감하는 것이 가장 좋은 공부입니다. 저 역시 이 2권의 책으로 기본을 살핀 후에는 더 이상 주식투자서를 끼고 공부하는 대신 꾸준히 투자를 통해 시장을 경험하고 있습니다. 주식에서 가장 중요한 것은 하루라도 빨리 시장에 발을 들여 꾸준히 지속해야 한다는 것을 깨달을 수 있습니다.

| 잠든 사이 월급 버는 미국 주식투자 | 인베스테인먼트 | 베가북스

『잠든 사이 월급 버는 미국 주식투자』는 불황 속에서도 흔들리지 않는 자산을 만들기 위한 투자 안내서입니다. 이 책은 1907년 미국발 은행 패닉부터 2020년 코로나19발 글로벌 증시 급락까지, 역사 속 수많은 경제위기를 되짚으며 위기를 기회로 바꿔온 투자 전략을 제시합니다. 저자들은 오랜 기간 미국 주식 시장에 몸담으며 쌓은 경험을 바탕으로, 불황기에도 수익을 지킬 수 있는 배당주, 방어주, 채권, ETF 등 다양한 투자 전략을 구체적으로 설명합니다. 또한, 미국 주식 세금과 같이 실질적인 정보까지 함께 정리되어 있어, 한 권으로 미국 주식투자의 전반을 파악해 볼 수 있도록 돕는 책입니다.

과거의 주요 위기 사례와 낯선 용어들이 많아 다소 어렵게 느낀 책이었지만, 책을 읽는 동안 미국 주식의 전반적인 흐름을 익혀볼 수 있었습니다. 특히 도움이 됐던 부분은 채권 투자 부분입니다. 그동안 막연히 '채권은 금리와 반대로 움직인다.' 정도로만 알고 있던 부분을 왜 그런지, 그리고 채권이 포트폴리오 안에서 어떤 역할을 하는지를 알 수 있었습니다. 불황에 대비해 자산을 균형 있게 배분하는 일이 단순한 분산이 아니라 리스크를 줄이고 수익을 안정화하는 핵심 전략임을 다시 한 번 배운 시간이었습니다. 주식 시장은 언제나 변동성이 크지만, 역사 속 불황을 견디며 꾸준히 배당을 늘려온 기업들이 존재한다는 사실은 투자의 방향성을 보여주었습니다.

이 책은 불황을 두려워하는 사람들에게 준비된 투자자만이 위기 속에서도 기회를 본다는 사실을 일깨워주는 책입니다. 미국 시장의 역사를 통해 배운 이 원칙은 언제나 변하는 시장 속에서도 자신만의 기준을 지키며 투자를 이어갈 힘이 되어 줄 것입니다.

비즈니스 시야를 넓힌 5권의 책

부의 설계는 결국 일하는 방식을 다시 설계하는 일입니다. 돈을 모으는 법, 투자하는 법을 배운 다음에는 누구나 한 단계 더 깊은 질문 앞에 서게 됩니다.

"이제, 나는 어떤 방식으로 가치를 만들어낼 것인가?"

이 질문이 바로 비즈니스의 시작점입니다.

비즈니스는 거창한 창업의 이야기만을 뜻하지 않습니다. 그것은 하루하루 내가 가진 경험과 생각, 시간과 노력을 어떻게 구조화하여 지속 가능한 가치로 만들어낼 것인가에 대한 이야기입니다. 이 절에서 다루는 다섯 권의 책은 바로 그 구조를 세우는 사고의 기반을 다루고 있습니다.

『사장학개론』은 사장이 된다는 것을 단순한 직업이 아닌, 삶의 주도권을 되찾는 일로 정의합니다. 누군가의 시스템 안에서 일하는 사람이 아니라 스스로 일의 방향을 정하고 책임지는 주체로 서는 것이 진짜 독립이라는 메시지를 전합니다.

『사업의 철학』은 창업의 현실을 가장 냉정하게 짚습니다. 사업은 아이디어만으로 굴러가지 않으며, 운영과 시스템, 사람의 원리를 이해해야만 지속 가능한 구조로 성장할 수 있다는 사실을 일깨워 줍니다.

『제로 투 원』은 기존의 경쟁이 아닌 창조의 관점으로 비즈니스를 바라보게 합니다. 남들과 같은 일을 더 잘하려는 것이 아니라 세상에 없던 가치를 새로 만들어내는 사고의 전환이죠. 이 책은 우리에게 묻습니다. 당신은 지금 누군가와 경쟁하고 있습니까, 아니면 새로운 길을 만들고 있습니까?

『돈은, 너로부터다』는 부의 본질을 자기 자신에서 찾습니다. 돈은 외부에서 주어지는 것이 아니라 스스로의 성장과 태도, 그리고 시간과 정성을 쏟은 결과물임을 일깨워줍니다. 결국 부는 나를 얼마나 성장시켰는가에 비례한다는 것을 알게 됩니다.

『내가 가진 걸 세상이 원하게 하라』는 나 자신이 하나의 브랜드로서 가치를 창출할 수 있는 방법을 보여줍니다. '나는 어떤 가치를 내놓고 있는가?'를 묻게 만드는 책. 자기 자신을 하나의 기준으로 세우고, 쉽게 대체되지 않는 방향으로 성장하는 태도를 배우게 됩니다.

이 다섯 권의 책은 각각 다른 주제를 말하고 있지만, 결국 하나의 진리를 향합니다. 비즈니스는 결국 가치를 증폭시키는 구조라는 것. 그 구조가 단단해질수록 우리는 더 자유로워지고, 원하는 일을 선택할 수 있으며, 원치 않는 일로부터 점점 멀어질 수 있습니다.

비즈니스를 안다는 것은 단순히 돈을 벌 줄 안다는 뜻이 아닙니다. 그것은 내가 가진 자원을 가장 효율적인 질서로 배열하는 능력을 갖추는 일입니다. 시간, 에너지, 지식, 관계. 이 모든 것을 하나의 구조로 엮어 나만의 시스템으로 작동시킬 수 있을 때, 비즈니스는 제대로 굴러가기 시작합니다. 당신이 어떤 일을 하든, 어떤 위치에 있든, 이 책들을 통해 배우게 될 것은 내 일을 하나의 시스템으로 바라보는 시야입니다. 비즈니스는 단순한 경제 행위가 아니라 삶의 구조를 설계하는 일입니다. 그 구조가 단단해질 때, 돈은 자연스럽게 따라옵니다.

저 역시 그런 깨달음을 바탕으로 '제주도의 8층 복합문화공간 건축'이라는 꿈을 구체화하기 시작했습니다. 그 공간은 단순한 건물이 아니라 제가 쌓아온 철학과 시스템이 현실의 구조로 구현된 형태입니다. 층마다 다른 사업이 자리하지만, 그 근간은 모두 하나로 이어집니다. 내가 하고 싶은 일을 세상과 연결하여 지속 가능하게 만드는 구조. 그것이야말로 비즈니스의 본질이며, 이 절의 다섯 권이 공통으로 가르쳐 주는 메시지이기도 합니다.

결국 부의 설계의 마지막 단계는 나의 일을 나답게 운영하는 것입니다. 누군가의 시스템 속에서 주어진 일을 수행하는 사람이 아니라 스스로 일의 방향을 정하고 그 구조를 만들어 가는 사람이 되는 것. 그때 우리는 비로소 깨닫게 됩니다. 부란 내가 만든 시스템이 나 대신 움직이며, 그 안에서 내가 진짜 하고 싶었던 일과 살고 싶었던 삶이 자연스럽게 이어지는 상태라는 것을요. 그리고 그때 돈은 더 이상 목적이 아니라 내가 설계한 삶을 단단하게 지탱하는 기반이 됩니다.

| 사장학개론 | 김승호 | 스노우폭스북스

『사장학개론』은 『돈의 속성』의 저자 김승호 회장이 평생 사장으로 살아오며 쌓은 경영 철학과 현장 경험을 120개의 주제로 정리한 책입니다. 한국과 미국을 오가며 '사장을 가르치는 사장'으로 수 년간 진행해 온 사장학 수업의 핵심 내용을 바탕으로, 창업 초기의 생존부터 직원 · 매출 · 구조, 그리고 사장에서 기업가로의 확장까지 사장이라면 반드시 부딪히는 현실적인 문제를 사례와 원칙으로 다뤘습니다. 추상적인 동기부여가 아니라 의사결정과 책임, 보고 체계, 권한 위임, 리스크 관리처럼 현장에서 당장 필요한 부분을 명확히 짚어주는 교과서 같은 책입니다.

몇 년 전, 처음 이 책을 접했을 때, 사장은 꼭 큰돈이 있어야만 될 수 있는 것이 아니라는 문장에서 큰 용기와 가능성을 얻었습니다. 아이디어 하나로도 시작할 수 있고, 자본보다 더 중요한 것이 태도와 끈기라는 사실을 배울 수 있었습니다.

시간이 흘러 2026년 퇴사를 앞두고 새로운 일을 준비하는 지금, 이 책은 전혀 다르게 다가옵니다. 한 장 한 장이 '지금의 나'에게 건네는 실전 지침처럼 느껴집니다. 버릴 문장이 하나도 없습니다. 창업을 준비하는 사람이라면 반드시 한 번은 읽어봐야 할 책이며, 앞으로 마주하게 될 수많은 질문 앞에서 기준을 세워 주는 참고서가 될 것입니다.

특히, 사업의 규모가 커질수록 피할 수 없는 직원 관리와 운영에 대한 조언이 현실적으로 와닿았습니다. 권한과 책임을 함께 줘야 2인자가 자랄 수 있고, 지시는 추상적이어서는 안 되며, 조직의 언어로 보고하게 만들어야 한다는 문장들은 선행 학습이 되어 주었습니다. 누구를 승진시킬지, 언제 협업을 멈추고 결단해야 할지, 언제가 출구전략을 고민할 타이밍인지. 이 책은 사장의 다음 한 수를 '감'이 아니라 '원칙'으로 판단할 수 있도록 만들어줍니다. 무엇보다 인상 깊었던 점은, 외부 환경이나 타인을 탓하기보다 모든 결과의 출발점을 '내 책임'으로부터 바라보는 태도였습니다. 그 태도가 있어야만, 매일 달라지는 사장의 하루 속에서도 흔들리지 않고, 새로운 용기를 다시 꺼내 쓸 수 있음을 배울 수 있었습니다.

이 책은 사장이 되려는 사람에게는 길잡이가 되고, 이미 사장인 사람에게는 나침반이 됩니다. 반복해서 읽다 보면 시작 전에는 준비를, 시작 후에는 기준을 얻을 수 있을 것입니다. 저 역시 이 책을 두고두고 펼쳐 볼 생각입니다. 내일의 질문 앞에서 망설이지 않기 위해, 오늘의 나에게 필요한 교과서로.

| 사업의 철학 | 마이클 거버 | 라이팅하우스

『사업의 철학』은 제대로 된 시스템을 갖추지 않고 사업을 시작한 사업장이라면 반드시 겪게 되는 문제에 대해, '사라'라는 인물의 사례를 통해 흥미롭게 풀어낸 책입니다. 저자는 사람의 성장에도 유아기, 청소년기, 성인기가 있듯이 사업에도 성장의 단계가 존재한다고 말합니다. 성장의 과정에서 대부분 '혼란의 시기'를 겪게 되는데, 그 시기를 통과하지 못할 때 사업은 멈춰버리고 맙니다.

저자는 이를 해결하기 위해서는 창업가가 '기술자, 관리자, 기업가'라는 세 인격이 균형을 이루어야 한다고 말합니다. 대부분의 창업가는 기술자적인 관점으로 출발합니다. 자신이 가진 기술과 능력만 믿고 창업하지만, 사업 초반의 '기술 중심 운영'만으로는 곧 한계에 부딪힙니다. 기술이 뛰어난 것과 회사를 운영하는 것은 전혀 다른 문제이기 때문입니다. 이를 위해 '사업 개발 프랜차이즈 원형', 즉 시스템 중심의 구조를 제안합니다. 맥도날드가 전 세계 어디서나 같은 품질과 방식으로 운영될 수 있었던 이유가 바로 이 시스템에 있습니다. 저자는 스스로 돌아가는 구조를 만들어야 진정한 기업가가 될 수 있다고 말합니다.

책을 통해 사업이란, 단순히 '무엇을 팔 것인가'의 문제가 아니라 '어떤 철학으로 세상을 바라볼 것인가'의 문제라는 사실을 깨달았습니다. 또한 사업을 시작하기 전부터 큰 그림을 그리고, 기업가적 시야로 방향을 세우고, 관리자의 관점으로 시스템을 구축하며, 기술자의 정교함으로 완성해야 한다는 점을 배울 수 있었습니다. 이 세 가지 시야가 균형을 이룰 때 비로소 사업은 성장할 수 있다는 메시지가 깊이 남았습니다.

책에서 제시하는 7단계 사업 개발 프로그램 중 특히, 인상적이었던 것은 첫 번째 단계인 '주요 목표를 정하는 과정'과 여섯 번째 단계인 '마케팅 전략'이었습니다. 마케팅이 고객 중심이라면, 주요 목표는 철저히 나 자신으로부터 시작되어야 한다고 말합니다. 내가 어떤 삶을 살고 싶은지, 어떤 가치를 전하고 싶은지, 어떤 방식으로 세상과 연결되고 싶은지가 명확해야 사업의 방향이 흔들리지 않습니다.

이 책은 바로 그 핵심 질문을 제게 던져주었습니다. 그 질문을 따라가며, 제 사업의 구상도 조금씩 구체화 되었습니다. 이 시기에 제주도 사업 중 아래와 같은 세 가지 사업을 구상하게 되었습니다.

첫 번째는 '건강과 젊음, 행복'을 가치로 한 건강식 디저트 전문점입니다. 단순히 맛있는 디저트를 만드는 것을 넘어, 스스로를 돌보는 사람들의 일상 속 소소한 행복을 전하고 싶었습니다.

두 번째는 시니어 세대의 꿈과 도전을 응원하는 미술 커리큘럼 사업입니다. 이제 시니어는 돌봄의 대상이 아니라 소비의 주체로 떠오르고 있습니다. 저는 그들이 과거에 미처 이루지 못했던 창조의 욕구를 예술을 통해 다시 펼칠 수 있도록 돕고 싶습니다.

마지막으로는 긍정과 희망을 전하는 복합문화 서점입니다. 강연이 열리고, 그림이 전시되며, 사람과 생각이 연결되는 공간. 이 서점은 책과 예술, 강연이 어우러진 '가슴 뛰는 무대'가 될 것입니다.

이는 단지 수익형 사업이 아니라 제가 세상에 전하고 싶은 가치

이자 철학의 구체화입니다. 이 과정에서 저는 이 책이 말하는 기업가적 · 관리자적 · 기술가적 관점의 조화가 왜 중요한지 실감했습니다. 내가 직접 만들어내는 기쁨(기술자), 체계를 세우는 냉정함(관리자), 세상을 보는 넓은 시야(기업가)가 함께 어우러질 때, 비로소 일과 인생의 균형을 이룬다는 것을 알게 되었습니다.

『사업의 철학』은 자신만의 일을 준비하는 모든 이들에게, 사업 과정에서 겪게 될 혼란의 시기를 통과할 방법과 시스템을 세울 지혜를 동시에 선물하는 책입니다.

| 제로 투 원 | 피터 틸 | 한국경제신문

『제로 투 원』은 세상에 이미 있는 것을 조금 더 개선하는 법이 아니라 아무도 가보지 않은 길을 새로 여는 방법을 이야기하는 책입니다. 피터 틸은 0에서 1로 간다는 것은 단순한 발전이 아니라 세상에 없던 가치를 처음으로 만들어내는 일이라고 말합니다. 그는 경쟁을 피하고, 남들과 다른 방향으로 나아가 창조적 독점을 구축하는 것만이 지속 가능한 성장의 길이라고 강조합니다.

책을 읽으며 가장 인상 깊었던 부분은 유통과 세일즈의 중요성에 관한 내용이었습니다. 우리는 흔히 좋은 제품이면 저절로 팔릴 것으로 생각하지만, 현실은 그렇지 않습니다. 세상은 언제나 보이지 않는 세일즈의 힘으로 움직입니다. 아무리 뛰어난 아이디어나 제품이라도 세상과 연결되는 통로가 없다면, 살아남을 수 없습니다. 피터 틸은 유통을 단순히 물건을 옮기는 과정이 아니라 사람과 가치를 연결하는 전 과정이라고 말합니다.

제품을 만든다고 고객이 저절로 찾아오지 않습니다. 찾아오게 만드는 구조, 다시 말해 닿을 수 있는 설계가 필요합니다. 우리는 종종 만드는 일에만 몰두하고, 알리는 일에는 소극적입니다. 그러나 진짜 일의 완성은 세상에 닿는 순간에 이뤄집니다. 제품이든, 글이든 세일즈는 결국 사람에게 가치를 전달하는 기술이자, 관계를 만들어 가는 일이라는 사실을 깨닫게 되었습니다.

책을 읽고 나면, 나는 "무엇을 다르게 할까?"라는 질문이 남습니다. 새로운 연결을 만드는 시도가 결국 기회를 만든다는 것을 깨닫게 되었습니다. 작은 시장이라도 확실히 통할 수 있는 나만의 강점을 찾고, 그 가치를 세상과 연결하는 방법을 고민하게 되었습니다. 새로운 것을 만든다는 건 거대한 혁신이 아니라 남들이 미처 보지 못한 지점을 한발 먼저 발견하고 실현하는 일이라는 사실을 이 책은 알려주고 있습니다.

이 책은 창업을 꿈꾸는 사람뿐 아니라 자신의 일에서 새로운 길을 찾고 싶은 모든 사람에게 필요한 책입니다. 익숙한 경쟁 속에서 지쳐가고 있다면, 이 책은 그 틀을 벗어날 단서를 줍니다. 세상이 모두 같은 방향으로 걸을 때, 그 길의 바깥으로 한 걸음 내딛는 용기. 그것이 바로 0에서 1로 나아가는 첫걸음임을, 이 책은 분명하게 일깨워줍니다.

| 돈은, 너로부터다 | 김종봉, 제갈현열 | 다산북스

『돈은, 너로부터다』는 천 억 자산가 인선과 두 청년 인우, 배상의 이야기를 통해 부의 본질이 결국 '나 자신으로부터' 시작된다는 메시지를 전합니다. 세차장 직원으로 묵묵히 일하는 인우, 투자로 돈을 쉽게 벌어본 경험이 있는 금수저 배상, 그리고 그들을 지켜보는 자산가 인선의 대화를 통해 부에 이르는 과정을 단계적으로 보여줍니다.

이 책은 다른 사람 밑에서 기술을 익히는 시기부터, 자신의 일을 시작해 브랜드로 성장하기까지의 전 과정을 구체적으로 다루고 있습니다. 단순히 부자가 되는 법을 나열한 책이 아니라 한 사람이 현실 속에서 어떻게 일을 배우고, 사업을 세우고, 결국 자신을 브랜드로 만들어 가는지를 이야기로 잘 엮어냈습니다. 돈에 대한 태도부터 일에 임하는 자세, 사업의 입지를 고르는 법, 직원 교육과

마케팅 전략 그리고 고객과 신뢰를 쌓는 방법까지. 사업을 할 때 현실적으로 필요한 모든 내용이 스토리 속에 자연스럽게 녹아 있습니다. 재밌고 쉽게 읽히면서도 실질적인 통찰을 주는 책으로, 저 역시 3번을 읽을 만큼 인사이트를 받았습니다.

특히, 저에게 이 책은 부의 여정에서 두 번째 전환점이 되었습니다. 처음에는 그저 책을 읽으며 지식을 얻는 단계에 머물렀습니다. 그러다 송 사무장님의 『엑시트』를 통해 '평범한 사람도 부자가 될 수 있다.'라는 믿음을 얻으며 실행의 단계로 들어갔습니다. 그리고 『돈은, 너로부터다』를 통해 또 한 번의 전환기를 맞았습니다. 결국 **돈은 밖에서 오는 것이 아니라 내 안의 무형자산에서 시작된다는 깨달음을 얻게 된 것입니다.**

이 책은 돈은 나 자신의 능력을 단단히 세우는 일에서 출발한다는 사실을 제 마음에 각인시켰습니다. 그 깨달음 이후 저는 스스로를 더 성장시키는 방향으로 나아갔고, 그 첫걸음이 전자책 제작과 종이책 출간으로 이어졌습니다.

책 속에서 가장 인상 깊었던 것은 인우의 꾸준함이었습니다. 그는 뛰어난 배경도, 특별한 재능도 없었지만, 자신이 가진 일을 사랑했습니다. 자신의 일에 진심을 다했고, 그 꾸준한 시간의 누적이 결국 '브랜드'가 되었습니다. 그 과정을 읽으며 깨달은 것은, 부는 결과가 아니라 태도의 누적이라는 사실이었습니다. 한 걸음씩 쌓아 올린 시간, 진심으로 임한 노력, 그리고 자신을 믿는 마음이 결국 부를 만들어 가는 힘이라는 걸 깨달았습니다.

이 책을 읽고 나면, '돈을 좇는 사람'에서 '가치를 만드는 사람'으로 시야가 바뀝니다. 그 전환이 일어나는 순간부터 더 이상 외부의 기회를 기다리지 않게 됩니다. 스스로 기회를 만들어내는 사람이 됩니다. 그래서 저는 이 책을 '부의 설계도'의 일부로 꼭 소개하고 싶었습니다. 부를 쌓는 일은 결국 자신을 세우는 일이며, 그 출발점은 언제나 같습니다. 바로 지금, 이 자리의 나 자신으로부터입니다.

화려한 결과의 이면에는 언제나 평범한 하루를 성실히 살아낸 시간이 있습니다. 이 책은 그 평범한 오늘이 미래의 부를 설계하는 가장 확실한 출발점임을 일깨워주는 책입니다.

| 내가 가진 것을 세상이 원하게 하라 | 최인아 | 해냄

『내가 가진 것을 세상이 원하게 하라』는 제일기획 부사장으로 일하다, 퇴사 후 현재는 '최인아 책방' 대표로 살아가는 저자가, 30여 년간 쌓아온 일과 삶에 대한 통찰을 담은 책입니다.

저자는 조직 안팎에서 줄곧 일의 의미를 묻고, 자신이 좋아하는 일을 자기만의 방식으로 이어온 경험을 바탕으로, 세상에 자신을 맞추기보다, 자신이 가진 고유한 가치를 세상이 원하게 만들어야 한다는 중심 메시지를 전합니다. 일은 단순히 생계를 위한 수단이 아니라 스스로를 성장시키고 삶을 확장하는 통로임을 강조합니다.

회사나 환경을 탓하기보다 자신의 중심을 바로 세우고, 내 이름 석 자로 설 수 있는 사람이 되는 것이 곧 자기답게 사는 길임을 보여 주면서 일과 삶을 통해 자신만의 세계를 단단히 세워가는 방법을 일깨워줍니다.

이 시기 저는 비즈니스적 시야를 넓혀가며, 제 가치와 사업의 방향을 하나씩 발견해 가던 때였습니다. 도서관의 수많은 책 사이에서 『내가 가진 것을 세상이 원하게 하라』라는 제목 하나만으로도 강한 인사이트를 받아 바로 책을 집어 들었습니다. 세상에 나를 맞추기보다 내가 대체 불가능한 사람이 되어 세상이 나를 원하게 만들어야 한다는 그 메시지는 제 안의 열망을 자극했습니다. 읽는 내내 많은 공감이 됐을 뿐 아니라 일을 대하는 태도에 대한 배움을 얻을 수 있었던 책입니다.

특히, 저자가 운영하는 '최인아 책방'의 모습이 인상 깊었습니다. 책과 북토크, 공연이 함께하는 그 공간은 제가 구상하는 제주도의 복합문화공간 속 서점의 형태와도 닮아 있었습니다. 콘텐츠를 통해 생각이 확장되고, 공간을 통해 사람이 연결되는 서점의 모습은 제 꿈의 방향을 한층 선명하게 만들어주었습니다.

또한 '코모디티commodity'라는 키워드가 유독 깊이 남았습니다. "코모디티란 꼭 그것이라야 할 이유가 없어 고객이 다른 것으로 바꿔 사도 될 만한 브랜드를 말합니다. 코모디티는 브랜드의 세계에서뿐 아니라 일하는 우리에게도 발생하는 문제입니다. 자기만의 뚜렷한 가치를 갖지 못하면 상품이든 사람이든 코모디티가 되니까요."

이 대목에서 저는 확신했습니다. 제가 나아가고 싶은 방향은 단순히 돈을 많이 버는 사람이 아니라 대체할 수 없는 가치를 지닌 사람이 되는 것이라는 사실을요. 그것이 바로 제가 추구하는 '부의 설계'의 본질이었습니다.

이 책은 '어떻게 일할 것인가'를 넘어, '어떻게 존재할 것인가'를 묻는 책입니다. 세상이 요구하는 답을 좇는 대신 나만의 방식으로 답을 만들어 가는 사람, 흔들림 속에서도 자기중심을 잃지 않는 사람이 되는 법을 가르쳐 줍니다. 자신만의 세계를 세우고 싶은 모든 사람에게 삶의 방향을 다시 세울 용기와 지혜를 전해주는 책입니다.

시대의 흐름을 읽게 해 준 4권의 책

마지막은 시대를 읽는 눈을 기르는 일입니다. 돈은 언제나 세상의 움직임 속에서 흘러갑니다. 산업이 바뀌고, 세대가 교체되며, 사람들의 가치관이 달라질 때마다 부의 방향도 함께 움직입니다. 그래서 시대를 읽지 못하면, 지금 쌓은 부도 결국 방향을 잃고 말 것입니다.

이 마지막 절은 그 변화의 흐름을 알아차리고, 그 안에서 길을 찾는 힘에 관한 이야기입니다.

어느 날, 제 삶의 중심을 바꾼 질문 하나가 떠올랐습니다.

"앞으로의 세상에서 나는 어떤 가치를 만들어낼 것인가."

이 질문은 단순히 돈을 많이 버는 방법이 아니라 변화 속에서 나의 일과 삶을 어떻게 다시 설계할 것인가로 이어졌습니다.

그때부터 저는 일상의 변화를 조금 더 세심히 바라보기 시작했습니다. 사람들의 관심이 어디로 향하는지, 어떤 일들이 점점 사라지고 또 새로 생겨나는지를 살피며 깨달았습니다. 부는 단순한 노력의 결과가 아니라 세상의 흐름을 읽고 그 안에서 자신만의 방향을 잡을 줄 아는 사람에게 머문다는 것을요. 변화를 두려워하지 않고, 그 안에서 유연하게 자신을 조정해 나가는 사람. 그런 사람이 결국 오래 버티며 자신만의 길을 만들어 갈 수 있습니다.

지금 우리가 살아가는 시대는 어느 때보다 빠르게 변하고 있습니다. 소유보다 접속이, 제품보다 경험이, 조직보다 개인이 중심이 되는 세상. 인구 구조의 변화는 소비의 흐름을 바꾸고, 기술의 발전은 일의 방식과 산업의 모습을 새롭게 만들고 있습니다. 세대가 바뀌고 가치관이 달라지면서, 우리가 일하고 살아가는 방식 또한 완전히 새로워졌습니다. 이 흐름을 읽지 못하면 돈은 방향을 잃고, 일의 의미도 희미해집니다.

하지만 변화를 읽는 사람은 위기 속에서도 새로운 질서를 만들어 냅니다. 시대를 읽는다는 것은 결국, 다가올 미래의 설계도를 미리 그려보는 일입니다.

저 역시 이 책들을 읽으며, 막연했던 꿈들이 하나의 구체적인 그림으로 이어지기 시작했습니다. 제가 구상 중인 '제주도 8층 복합 문화공간'은 단순히 건물을 짓는 계획이 아니라 시대의 흐름과 나의 일을 연결하는 여정 속에서 하나씩 구체화 되었습니다. 이는 완성된 결과물이 아니라 앞으로의 변화와 나의 내면의 성장에 따라 계속 다듬어질 설계도입니다.

급격히 늘어나는 노령인구와 세대의 변화, 경험을 중심으로 한 소비의 흐름, 그리고 소유보다 연결을 중시하는 새로운 가치관 속에서 저는 자연스럽게 세대가 함께 성장하고 배움과 나눔이 이어지는 구조를 고민하게 되었습니다. 그 안에서 건강, 자기계발, 경제

교육, 문화 · 예술이 서로 연결되어 의미와 가치가 흐르는 공간이 되기를 바랐습니다.

그 과정에서 이 책들은 저에게 단순한 경제서가 아닌 현실적인 나침반이 되었습니다. 시대의 큰 흐름 속에서 내가 어떤 가치를 추구해야 하는지, 그리고 어떤 방식으로 세상과 연결되어야 하는지를 하나씩 찾아갈 수 있었기 때문입니다. 그리고 깨달았습니다. 투자도, 사업도 결국은 시대를 읽는 일이라는 것을. 어떤 흐름 위에 나의 시스템을 세우느냐에 따라 그 결과는 완전히 달라집니다.

이제는 단순히 돈을 버는 시대가 아닙니다. 세상을 이해하고, 변화의 방향에 맞춰 자신을 설계해야 하는 시대입니다. '무엇을 소유할 것인가보다 어떤 흐름 속에 있을 것인가', '얼마를 벌 것인가보다 어떤 가치를 이어갈 것인가'가 더 중요해졌습니다. 이 절은 그 시야를 넓혀 주는 마지막 나침반입니다.

변화의 속도를 두려워하기보다, 그 안에서 기회를 발견하고 나만의 방향을 세우는 힘. 그것이야말로 지금 우리가 길러야 할 진짜 자산입니다. 결국 부의 설계의 마지막 단계는 시대의 흐름 속에서 나의 일을 나답게 운영하는 것입니다. 누군가의 방식을 따라가는 사람이 아니라 자신의 철학과 시대의 변화를 엮어 새로운 길을 설계하는 사람. 그 길 위에서 일은 더 이상 생계의 수단이 아니라 삶을 표현하는 방식이 되고, 돈은 더 이상 목적이 아니라 원하는 삶을 지속하게 해 주는 흐름이 됩니다.

부란 결국, 시대의 흐름 속에서도 나답게 살아갈 수 있는 지속가능한 힘을 갖는 일입니다. 이 책에서 함께 걸어온 30권의 여정은 바로 그 힘을 기르기 위한 설계도의 한 장면들이었습니다. 그리고 이제, 그 여정의 다음 장은 당신의 손으로 새롭게 써 내려갈 차례입니다.

| 인구감소 부의 대전환 | 전영수 | 21세기북스

『인구감소 부의 대전환』은 인구가 줄어드는 현상을 단순한 위기가 아닌 새로운 부의 기회로 바라보는 책입니다. 저자 전영수 교수는 인구 통계를 기반으로, 대한민국의 저출생 · 고령화가 경제 구조와 소비 패턴을 어떻게 바꾸고 있는지를 분석합니다. 그는 인구는 줄어들지만, 소비력은 특정 세대에 집중된다고 말하며, 앞으로의 시장이 어디로 이동할지를 통계적 근거를 통해 보여줍니다.

책의 핵심은 인구 변화 속에서도 기회를 만들 수 있는 네 가지 핵심 고객층인 '저축 포기 청년', '70년대생', '집토끼', '베이비부머'를 제시하는 데 있습니다. 단순히 미래를 예측하는 책이 아니라 실제 비즈니스 전략으로 적용할 수 있는 구체적 통찰이 담겨 있습니다. 그리고 이들의 욕구를 정확히 읽어내는 것이야말로 미래 시장의 열쇠라고 말합니다.

이전에는 인구감소를 사회적 위기로만 여겼지만, 그 속에서 앞으로 어디에 집중해야 할지를 깨닫게 해 주었습니다. 특히, 베이비부머 세대의 변화된 욕망이 눈에 들어왔습니다. 먹고사는 문제를 넘어, 이제는 자신의 삶을 예술적으로 완성하고자 하는 세대. 그들을 위한 사업이야말로 앞으로 제가 주목해야 할 대상이라고 생각했습니다. 나만의 일로 세상과 연결될 수 있는 사업을 구상함에 있어 영감을 받았던 책입니다.

미술 관련 사업을 하고 싶다는 생각은 있었으나, 이 책을 읽으며 구체적인 사업 대상이 명확해졌습니다. 어린 시절 미술을 꿈꿨지만, 저처럼 생계와 현실에 밀려 꿈을 접어야 했던 베이비부머 세대에게 그림을 통해 자신을 다시 발견하고 자아실현의 기쁨을 느낄 수 있는 기회를 만들고 싶다는 생각으로 이어졌습니다. 단순한 취미 수업이 아닌, 인생 2막의 무대를 열어주는 기회로서의 미술 교육. 이 책이 바로 그 영감의 출발점이 되었습니다.

또 하나 제게 오래 남은 키워드는 '집토끼'였습니다. 외부에서 새로운 고객을 유치하려 애쓰기보다, 이미 나를 믿고 관계를 맺은 고객에게 진심을 다해야 한다는 철학에서 붙인 명칭입니다. 그 깨달음은 사업의 본질을 다시 생각하게 만들었습니다. 단골 고객과의 신뢰를 쌓고, 그 관계를 더 깊이 있게 이어가는 것. 그것이야말로 지속 가능한 성장의 길이라는 사실을 배울 수 있었습니다.

인구감소라는 시대적 흐름은 준비되지 않은 이들에게는 불안이지만, 제대로 이해하고 대비하는 이들에게는 오히려 새로운 기회가 됩니다. 이 책은 변화의 흐름 속에서 새로운 시장의 가능성을 발견하고, 스스로의 방향을 설계할 수 있도록 돕는 책입니다.

| 소유의 종말 | 제러미 리프킨 | 민음사

『소유의 종말』은 미래학자 제러미 리프킨이 2001년에 발표한 책으로, 20년이 지난 지금의 현실을 놀라울 만큼 정확히 예측해 낸 명저입니다. 그는 이미 그때, 산업화 시대를 지탱하던 자본주의가 '물건을 소유하는 시대'에서 '경험과 접속(access)의 시대'로 전환될 것이라 말했습니다. 경제의 중심이 더 이상 소유에 있지 않고, 시간 · 관계 · 서비스처럼 공유와 경험의 가치로 옮겨가고 있음을 일찍이 통찰한 것입니다.

책을 읽으며 저는 특히, 다음의 문장이 깊이 남았습니다.

"부는 이제 물적 자본에서 나오지 않는다. 부는 인간의 상상력과 창조력에서 나온다. 지적 자본은 여간해서는 교환되지 않는다."

이 문장은 제게 큰 깨달음을 주었습니다. 진정한 자산은 외부에서 얻는 것이 아니라 나로부터 나온다는 생각에 확신을 심어주었습니다. 요즘 같은 AI 시대에도 인간만이 가질 수 있는 창조력, 사유력 그리고 끊임없이 확장되는 상상력 같은 지적 자본이야말로 더욱 귀해질 것이라는 확신이 들었습니다. 내가 쌓아온 경험과 배움이 다른 사람에게 의미로 전해질 때, 그것이 진짜 부의 형태로 변한다는 사실을 이 책을 통해 다시 확인했습니다.

특히, 나의 경험을 담은 전자책을 완성해 가던 시기였기에, 이 메시지가 더욱 깊게 다가왔습니다. 물질적 부가 아닌, 지식·감성·창의의 부가 중심이 되는 시대를 리프킨은 예견했으며, 지금 우리는 그 예언 속 현실을 살고 있는 것입니다. 20년이 넘은 문장들 속에서 지금의 '공유경제', '구독 서비스', '콘텐츠 크리에이터' 같은 개념들이 자연스럽게 겹쳐졌습니다.

이 책은 우리가 앞으로 어떤 가치로 살아가야 하는지를 묻고, 그에 맞게 미래를 준비하게 만드는 책입니다. 이 책을 읽으면 어떻게 살아야 부유해질 수 있을지보다 어떻게 살아야 가치 있게 연결될 수 있을까를 고민하게 됩니다. 그래서 저는 이 책을 부의 설계도를 완성하는 한 축으로 소개하고 싶었습니다. 진짜 부는 더 많이 가지는 데서 오지 않습니다. 나의 지식과 경험, 감정이 누군가와 연결되는 것이 더 중요함을 일깨워주는 책입니다.

| 시대예보 | 송길영 | 교보문고

『시대예보: 핵개인의 시대』는 빅데이터 분석가이자 시대 관찰자인 송길영 저자가, 앞으로 우리가 맞이하게 될 완전히 새로운 개인의 시대를 예견한 책입니다. 과거의 사회가 집단과 조직 중심으로 돌아갔다면, 이제는 기술과 인공지능의 발전으로 한 사람의 역량이 스스로를 증명해 가는 시대가 되었습니다. 가족의 울타리와 조직의 틀, 직급의 권위가 무너지고, 각자의 개성과 능력이 곧 생존의 조건이 되는 변화의 흐름 속에서, 저자는 그 변화를 '핵개인'이라는 새로운 개념으로 정의했습니다. 그리고 앞으로의 세상에서 우리가 어떤 태도로 자신을 준비시켜야 하는지를 통찰력 있게 보여 줍니다.

책을 읽으며 특히 마음에 남았던 문장이 있습니다.

"가장 경쟁력 있는 상품은 '서사'입니다. 각자의 서사는 권위의 증거이자 원료입니다. 성장과 좌절이 진실하게 누적된 나의 기록은 유일무이한 나만의 서사입니다. 나무의 나이테가 그러하듯 서사는 결코 급조될 수 없습니다. 오직 시간과 진정성으로 만들어집니다."

이 문장을 읽으며 저는 '서사'가 단순한 이야기가 아니라 '존재의 증거'라는 생각을 하게 되었습니다. 나의 서사는 내가 어떤 과정을 거쳐 성장했는지, 어떤 실패를 견디며 다시 일어섰는지를 보여 주는 인생의 흔적입니다. 화려한 성과보다 꾸준히 쌓인 진심의 기록이 결국 사람을 설득하고, 신뢰를 쌓아간다는 사실을 이 문장을 통해 느낄 수 있었습니다.

이제는 무엇을 이루었는가보다 어떤 과정을 통해 지금의 나로 서게 되었는가가 더 중요한 시대인 것 같습니다. 그 깨달음 이후로 저는 '경험'의 의미를 새롭게 바라보게 되었습니다. 하루하루의 배움과 감정, 그리고 작은 시도들까지도 모두 하나의 서사가 되어 나를 증명하는 자산이 될 수 있습니다. 경험은 흘려보내는 것이 아니라 기록으로 쌓아가야 하고, 그 축적이 결국 나의 브랜드를 만들어 간다는 사실을 이 책을 통해 배웠습니다. 완벽함보다 진정성이, 성과보다 과정이 더 큰 힘을 가지는 이유도 바로 그 때문일 것입니다. 경험을 포트폴리오로 남기는 일, 그것이야말로 핵개인의 시대를 살아가는 가장 단단한 경쟁력임을 알게 되었습니다.

이 책은 사회의 변화 속에서 '나는 어떤 개인으로 살아갈 것인가'를 스스로에게 묻게 합니다. AI가 인간의 일을 대신하는 시대일수록, 인간만이 지닐 수 있는 서사와 진정성의 힘이 더 중요해질 것입니다. 그 변화의 한가운데서 자신만의 방향을 세우고 싶은 사람들에게 이 책은, 시대의 흐름을 이해하고 대비할 수 있는 통찰을 선물해 줄 것입니다.

| 꿈과 돈 | 니시노 아키히로 | 다산북스

『꿈과 돈』은 일본의 천재 사업가로 불리는 니시노 아키히로가 "꿈과 돈은 결코 분리될 수 없다."라는 전제로 쓴 책입니다. 돈을 부정하거나 경시하지 않으면서도, 돈이 있어야 꿈이 지속된다는 현실을 직시하며, 꿈과 현실을 함께 움직이게 하는 방법을 제시합니다. 단순한 성공담이 아니라 꿈과 현실의 균형을 이루며 나아가는 법을 가르쳐 줍니다.

책 속에서 가장 흥미로웠던 부분은 '프리미엄'과 '럭셔리'의 차이를 설명한 대목이었습니다. 프리미엄이 경쟁 속에서 가장 좋은 것을 만드는 전략이라면, 럭셔리는 애초에 경쟁 자체가 없는 독자적인 세계를 구축하는 일입니다. 결국 시장에서 이기는 힘은 더 싸거나 더 좋은 것을 만드는 능력이 아니라 자신만의 세계관과 팬덤을 구축하는 데서 비롯된다는 메시지가 인상 깊었습니다. 물건의 기능이 아니라 의미를 팔 때 고객은 소비자가 아니라 팬이 됩니다. 비교 불가능한 존재가 되는 것, 그것이야말로 진정한 전략이라는 사실을 이 책은 분명히 말해 주고 있습니다.

저자는 "꿈을 이루려면 돈이 필요하고, 돈이 모이려면 꿈이라는 그릇이 있어야 한다"라고 말합니다. 저 역시 꿈을 정하기 시작한 순간부터 비로소 돈이 모이기 시작했습니다. 결국 꿈과 돈은 둘이 아니라 하나입니다.

이 책은 부의 설계도의 마지막 장을 장식하기에 가장 어울리는 책입니다. 결국 제가 말하는 부의 설계란 단순히 돈을 버는 기술이 아니라 꿈을 키우고 그 꿈을 지켜낼 수 있는 돈의 구조를 만드는 여정이기 때문입니다. 꿈이 방향이라면, 돈은 그 길을 현실로 이어주는 연료입니다. 그 둘을 함께 연결할 때 비로소 '삶의 부'가 완성됩니다. 『꿈과 돈』은 그 진실을 가장 명확하게 일깨워주는 책입니다. 돈을 좇지 않고도 돈을 끌어들이는 법, 꿈을 포기하지 않으면서도 현실을 이겨내는 방법을 알려주는 책. 꿈과 돈, 그 두 단어 사이에서 흔들리는 모든 이들에게, 이 책은 분명 새로운 방향을 제시해 줄 것입니다.

| 에필로그 |

이제 당신의 부의 설계도가 시작된다

부의 설계는 단 한 번의 결심으로 완성되는 일이 아닙니다. 시간을 들여 기초를 다지고, 매일 한 걸음씩 쌓아 올리는 과정입니다. 많은 사람이 부자가 되지 못하는 이유는 방법을 몰라서가 아닙니다. 그 과정을 끝까지 견디지 못하기 때문입니다. 성과가 더디게 보일 때, 눈앞의 속도에 흔들리며 중도에 멈춰섭니다. 하지만 건물은 하루아침에 세워지지 않습니다. 땅속의 기초가 튼튼해야 그 위에 어떤 층을 올려도 무너지지 않듯, '부의 설계' 또한 보이지 않는 기초 위에서부터 시작됩니다.

저는 언제나 기본부터 시작하는 사람이었습니다. 작은 자격시험 하나를 준비할 때조차 이론을 건너뛰고 문제 풀이부터 시작하지 않았습니다. 먼저 '기본서'를 차근히 읽으며 원리를 이해했고, 그 위에 문제 풀이를 쌓아올렸습니다. 겉으로 보기엔 느리고 답답한 길처럼 보이지만, 시간이 지나면 그것이 가장 빠른 길이었습니다.

처음부터 문제 풀이로만 접근하면 놓치는 부분이 분명 생깁니다. 한 번도 문제화되지 않은 영역을 만나면 풀어내지 못하고, 막연한 불안감에 결국 다시 기본서로 돌아가야 합니다. 하지만 처음부터 '기본서'를 익힌 사람은 다릅니다. 불안함 대신 단단한 자신감을 갖고, 문제 풀이는 실력을 점검하는 용도가 됩니다. 모르는 부분을 발견하면, 그 부분만을 빠르게 점검하며 한층 더 단단히 다져갈 수 있습니다. '부의 설계' 또한 이와 같습니다. 기초를 건너뛰고 서두르면 언젠가 다시 돌아가야 하지만, 기본을 다진 사람은 흔들림 없이 앞으로 계속 나아갑니다. 느려 보여도 처음부터 정석의 길을 걷는 것이 결국 가장 확실하고 단단한 방법입니다.

건강도 그렇습니다. 특별한 방법보다 꾸준한 기본이 몸을 지켜줍니다. 규칙적인 식사와 꾸준한 운동, 긍정적인 마음이야말로 가장 기본이면서도 강력한 건강의 원칙입니다. 부 역시 마찬가지입니다.

큰 수익을 좇는 비법보다 지출을 관리하고, 꾸준히 투자하고, 배움을 이어가는 사람이 결국 오래갑니다. 욕심이 아닌 원칙으로, 조급함이 아닌 꾸준함으로. 그 단단한 마음이야말로 가장 값진 자산입니다.

부의 설계는 화려한 재능이 아니라 견디는 힘과 반복의 결과입니다. 기초를 다지고 시스템을 만들어 두면, 시간이 흐를수록 그 구조가 스스로 움직입니다. 하루하루의 선택, 작은 실천 하나가 당신의 재정적 토대를 지탱하는 벽돌이 됩니다. 그 벽돌들이 차곡차곡 쌓여 결국 당신의 꿈을 지탱할 건물이 됩니다.

이 책의 여정은 단순히 돈을 버는 방법만을 이야기하지 않았습니다. 돈은 목적이 아니라 내가 진짜 원하는 삶을 설계하기 위한 도구입니다. 결국 부의 설계란 단지 돈을 쌓는 기술만이 아니라 삶의 중심을 세우고 그 꿈을 향해 나아가는 힘을 기르는 과정입니다.

돈은 그 길을 지속시켜 주는 에너지일 뿐, 그 자체의 목적이 아닙니다. 돈을 다루는 이유는 결국, 더 많이 벌기 위해서가 아니라 내가 원하는 삶을 자유롭게 선택하기 위해서입니다. 결과가 더디고 속도가 느려 보여도 괜찮습니다. 그 시기를 견디는 사람만이 무너지지 않는 기반 위에 설 수 있습니다. '부'란 단기간의 행운이 아니라 오랜 시간 자신이 만든 구조를 믿고 그 안에서 꾸준히 성장해 나가는 과정입니다.

이제 이 책을 덮는 순간, 당신의 부의 설계도가 시작됩니다. 오늘 세운 원칙 하나, 오늘 결심한 습관 하나가 미래의 당신을 지탱하는 기둥이 될 것입니다. '부'는 속도를 내는 능력이 아니라 끝까지 걸어갈 수 있는 꾸준함에서 완성됩니다. 조급함을 내려놓고 당신의 속도로, 당신의 방식으로 쌓아 가시기를 바랍니다. 시간이 지나면 알게 될 것입니다. 그 느리게 쌓은 벽돌들이야말로 당신의 인생을 단단하게 지탱하는 진짜 부의 설계도였다는 것을.

부의 설계도

지은이 이은경
발행일 2026년 1월 27일
펴낸이 양근모
펴낸곳 도서출판 청년정신
출판등록 1997년 12월 26일 제 10-1531호
주 소 경기도 파주시 문발로 115 세종출판벤처타운 408호
전 화 031) 957-1313 팩스 031) 624-6928
이메일 pricker@empas.com